CW01044144

THE ASSOCIATION FOR SCOTTISH LITERARY STUDIES

NUMBER EIGHTEEN

THE BOOK
OF SANDY STEWART

# THE ASSOCIATION FOR SCOTTISH LITERARY STUDIES

ANNUAL VOLUMES PUBLISHED BY SCOTTISH ACADEMIC PRESS

1971   James Hogg, *The Three Perils of Man*, ed. Douglas Gifford.

1972   *The Poems of John Davidson*, vol. I, ed. Andrew Turnbull.

1973   *The Poems of John Davidson*, vol. II, ed. Andrew Turnbull.

1974   Allan Ramsay and Robert Fergusson, *Poems*, ed. Alexander M. Kinghorn and Alexander Law.

1975   John Galt, *The Member*, ed. Ian A. Gordon.

1976   William Drummond of Hawthornden, *Poems and Prose*, ed. Robert H. MacDonald.

1977   John G. Lockhart, *Peter's Letters to his Kinsfolk*, ed. William Ruddick.

1978   John Galt, *Selected Short Stories*, ed. Ian A. Gordon.

1979   Andrew Fletcher of Saltoun, *Selected Political Writings and Speeches*, ed. David Daiches.

1980   *Scott on Himself*, ed. David Hewitt.

1981   *The Party-Coloured Mind*, ed. David Reid.

1982   James Hogg, *Selected Stories and Sketches*, ed. Douglas S. Mack.

1983   Sir Thomas Urquhart of Cromarty, *The Jewel*, ed. R. D. S. Jack and R. J. Lyall.

1984   John Galt, *Ringan Gilhaize*, ed. Patricia J. Wilson.

1985   Margaret Oliphant, *Selected Short Stories of the Supernatural*, ed. Margaret K. Gray.

1986   James Hogg, *Selected Poems and Songs*, ed. David Groves.

1987   Hugh MacDiarmid, *A Drunk Man Looks at the Thistle*, ed. Kenneth Buthlay.

1988   *The Book of Sandy Stewart*, ed. Roger Leitch.

THE ASSOCIATION FOR SCOTTISH LITERARY STUDIES

GENERAL EDITOR—DOUGLAS S. MACK

# THE BOOK
# OF SANDY STEWART

Complied and Edited
with Introduction and Notes
by
Roger Leitch

SCOTTISH ACADEMIC PRESS
EDINBURGH
1988

First published in Great Britain, 1988
by Scottish Academic Press Limited,
33 Montgomery Street, Edinburgh EH7 5JX,
for
The Association for Scottish Literary Studies.

ISBN 0 7073 0560 8

British Library Cataloguing in Publication Data

Stewart, Sandy
    The book of Sandy Stewart.
    1. Scotland. Itinerants. Biographies
    I. Title II. Leitch, Roger
    305.5'68

    ISBN 0-7073-0560-8

The Association for Scottish Literary Studies
acknowledges subsidy from the Scottish Arts Council
towards the publication of this volume.

Typeset at Oxford University Computing Service.
Printed and bound by Lindsay & Co. Ltd., Edinburgh

# CONTENTS

# THE ASSOCIATION
# FOR
# SCOTTISH LITERARY STUDIES

THE Association for Scottish Literary Studies aims to promote the study, teaching and writing of Scottish literature, and to further the study of the languages of Scotland.

To these ends, the ASLS publishes works of Scottish literature (of which this volume is an example), literary criticism in *Scottish Literary Journal*, scholarly studies of language in *Scottish Language*, and in-depth reviews of Scottish books in *SLJ Supplements*. And it publishes *New Writing Scotland*, an annual anthology of new poetry, drama and short fiction, in Scots, English and Gaelic, by Scottish writers.

All these publications are available as a single 'package', in return for an annual subscription. Enquiries should be sent to:

**ASLS**
**c/o Department of English**
**University of Aberdeen**
**ABERDEEN**
**AB9 2UB**

# PREFACE

I am proud it has fallen to the ASLS to present *The Book of Sandy Stewart* to the general reader. It belongs to the new genre of oral autobiography which has become possible only since the invention of the tape-recorder, and which demands unique skills in interviewer and editor. Ideally, as here, they should be the same person. Roger Leitch has produced a remarkable piece of creative scholarship. He has recreated his subject's life-story into a straight, linear form out of a large number of separate interviews spread over more than two years, and he has done so in the subject's own words. Since Sandy Stewart speaks Scots, the result is a sustained piece of demotic narrative which is of high literary as well as documentary and linguistic value. If Mr Leitch had used a phonetic script to record Sandy Stewart's speech with narrow accuracy, the result would have been unreadable by all but specialists: not the least of his achievements is the ease with which he has transposed spoken Scots into ordinary spelling, always a difficult business even for poets who habitually write in the medium.

What emerges is the fascinating life-story of a shrewd, warm-hearted member of the travelling community. The unique value of that community as a repository of the traditional culture of Scotland has only been recognised during the past thirty years or so. It was a life of hardship, comradeship, love, sorrow and jollity, enriched by traditional lore, songs and stories, often of a gruesome and supernatural kind, and by the extraordinary characters met with on the road, who remind one of nothing so much as the tramps Gorky describes in *My Apprenticeship*.

This is the first text of 'oral literature' ASLS has published. We hope it will not be the last.

Thomas Crawford
President, ASLS

# ACKNOWLEDGEMENTS

The loyalty and support of my wife Kate over the past seven years made it possible for me to take on board a venture that has called for unique qualities on her part and I owe her my utmost appreciation.

There would also be no Book of Sandy Stewart were it not for the co-operation and trust of Sandy himself. It was indeed a privilege to have shared many memorable moments with a person who gave so much of himself for so little in return. The warmth and friendship extended by Sandy, his wife Margaret and son Davie, is something that I will not forget. Between the welcomes and goodbyes were the things that money cannot buy.

Although here I cannot do justice to the many people who have helped in a variety of ways, I wish to mention some who have made an end-product possible. Attending the School of Scottish Studies on a regular basis would not have come about without the generous offer with lifts made by Mr Bill Kidd of Lower Largo. I owe my thanks to the technical and teaching staff at the School whose advice and understanding were available when it was most needed. In particular, I was fortunate in having as my supervisors Professor John MacQueen, who suggested the idea of taping Sandy's reminiscences, and Dr Hamish Henderson, whose knowledge and humanity shone through at all times and whose fieldwork collections in the 1950s and '60s served as tremendous inspiration, putting this task into perspective. I am also greatly appreciative of the guidance offered by their colleague, Mr Donald Archie MacDonald, not least for suggesting the title and giving of his own enormous experience in tape-recording informants.

A very special thank-you is owed to Miss Helen Jackson, Perth, for her invaluable and tireless assistance in helping me gather life-historical background for Sandy's recollections of his formative years in the Birnam area of Perthshire. I extend my sincere gratitude to the Association for Scottish Literary Studies, and in particular to Mr Thomas Crawford for writing the Preface and casting a scholarly eye over many points which required revision. It was also a pleasure to have worked with the General Editor, Dr Douglas S. Mack of Stirling University. Both he and Dr David S. Robb of Dundee University were instrumental in suggesting improvements to the text, and professional help was further extended by Mr Peter Cochrane, Dr Douglas Grant and Mrs Mairi Robinson.

I am indebted to the financial help of the George Craig Trust in Glasgow, the Carnegie Trust in Dunfermline, and the University of Edinburgh.

Roger Leitch

# Select Family Tree of Alexander Stewart

Allan Stewart === Catherine MacDonald

Donald Reid === Mary McCallum

Hugh Stewart === Martha Whyte
1869-1918

Donald Reid === Jean MacKenzie
b. 1859

David Stewart
b. 6 October 1894

Martha Reid

Alexander Stewart
b. 17 August 1920

# INTRODUCTION

Alexander Stewart, more affectionately known to family and friends as Sandy, is one of Scotland's people of the roads — the travellers. Sandy was born in Kirriemuir Almshouse on 17 August 1920, the son of David and Martha Stewart.[1] *The Book of Sandy Stewart* is an account of his life experience that is based on the spoken word. The oral material was the result of numerous conversations and anecdotal stories that I recorded from Sandy between 1981-1983. As well as his response to my questions, it includes life-storytelling runs of Sandy's own design.[2] These were all transcribed and later edited with investigative end-notes to form a personal document that is close to a life history, but is far from a definitive account of Sandy's life. Reliance on an oral base was necessary since Sandy might be classed as functionally illiterate, being able to decipher only boldly printed words that are familiar, and struggling to sign his name in a spidery hand. Beyond the technicalities of literacy, Sandy Stewart possesses a rare form of wisdom and a thoughtful zest for life in all its shades.

My aim has been to present Sandy through his 'ain words' and to reflect his personality and view on life from a rather different angle. This has included my own fieldwork with Sandy as well as involving a great deal of detective work and the co-operation of many people in different parts of Scotland. To have anglicised Sandy's rich Traveller-Scots idiom or rigged his words for literary purposes would have been to destroy what I set out to capture — the personality and experiences of a rare individual. I have however italicised the cantwords which Sandy uses. The older-style traveller is already disappearing from the byways and roadside camps. Only a tiny percentage of travellers still occupy the traditional tents that were not so long ago a recognisable feature of the rural scene in Scotland.

In appearance, Sandy is a small man, his wiry frame tending to be lagged with an extra layer of clothing irrespective of the weather, the fit, or the frills of fashion. Sandy Stewart cuts his own dash and wears his cloth as he finds it. The bonnet on his head may be tatty, bitten, or singed, but it is the way that bonnet is worn which best sums up the man. His is a face of character: wrinkled, weatherbeaten, pleasing features. His eyes are shrewdly perceptive with a hint of mischief, his demeanour sometimes elfish. But beneath whatever exterior Sandy cares to present to the outside world, there is an inner man with a warm heart and a far from bitter acceptance of his lot in this world.

Beyond his toothless roars of laughter there lurks a true survivor. Sandy possesses a profound independence of spirit that has seen him overcome countless bad days, pneumonia, tent fires, as well as a cruel airgun attack that has left a pellet in one lung. Despite everything, he retains a strong sense of fun. His observation is acute and his memory sound. Yes, he may enjoy a bottle of wine but he is not alone in that respect. Besides, his pocket cannot run to daily supplies. Rough or smooth, Sandy Stewart takes life as he finds it. Some days he is more unshaven or dishevelled than on others. His life doesn't call for personal marketing and one takes Auld Sandy as one finds him. On many occasions I found him bothered by a chest complaint, yet he always extended a welcome and made light of his troubles. At the end of each day I left an individual with whom it had been a pleasure to talk and listen to, there being no two days alike and time for reflection in between.

Sandy's people were all of travelling stock, Stewart being a common surname amongst the traveller or tinker fraternity. Due to its pejorative usage, the word 'tinker' has become devalued although Sandy used it in our conversations as a matter of identity. His father's side of the family appears to have favoured Angus as their main stamping ground, Sandy's grandmother being housed in Brechin for a time. The paternal grandfather, Hugh Stewart, was tragically killed in middle age as a result of a construction accident at Edzell.[3] Sandy's father was born at a farm-toun to the north of Huntly in Aberdeenshire, proving that his people moved over a relatively wide area.[4] Sandy could only trace his family tree back two generations, although I managed to establish his great-grandparents in the course of genealogical research at Register House. A select family tree is given on page ooo.

Although travellers recognise both sides of the family, descent is primarily traced through the male line. On the maternal side of Sandy's family are Perthshire Reids. Grandfather Donald — well known as 'Old Donald Reid' — was born in 1859 at Ballachraggan in upper Strathbraan. By all accounts, he was a real character known to rich and poor alike, a craftsman in the traditional traveller vein who could fashion articles from horn as well as tin. On his death in 1926, the local press covered his funeral and gave him no mean obituary with the *Perthshire Courier* carrying a large photograph of the funeral procession. It was fitting that the old man should depart in a style of his own, and although he rests in an unmarked grave, his name is certainly not forgotten by elderly locals in Birnam and its environs.

It was in the Birnam and Dunkeld area of Perthshire that Sandy spent many of his formative years — in the winter months at least. The Stewart family occupied a tarpaulin-covered tent at various sites in the area. Two older sisters died in infancy, so Sandy became the oldest child in the family. During the mid 1920s to early 1930s he attended the local schools, although it must be said that Sandy had no great love of the classroom. Frequently, he ran off to explore childhood haunts — the nearby woods, dumps, and River Tay — gathering old pram wheels for soapbox carts and exercising his skill with a catapult. But the Stewart family would also move lock, stock and barrel, taking to the roads of Perthshire and neighbouring counties at the first sign of spring or early summer. They would move with their tents to the beautiful North Angus glens and ventured on occasions to the Mearns. It would appear from Sandy's description that they often chose the low-lying straths — Strathtay, Strathearn, and Strathmore. These well trodden routes offered a chance to visit old friends, see the countryside and sell some wares along the way.

By the time Sandy had reached the official school-leaving age of fourteen, his travelling apprenticeship was well under way and he was set to embark on more adventurous journeys in the company of like-minded mates and relatives. From what he has told me, it appears he could cover impressive distances if need arose. He travelled light with nothing more than a sheet-bag containing a blanket and some odds and ends, with possibly an old set of bagpipes which came in handy for rustling up a few pennies or a bite to eat. One far-ranging trip that is not described in the text saw him and his mates arrive in Carlisle with their pipes and wearing assorted Highland dress. Sandy's description of their arrival was reminiscent of a Jacobite advance party heading south to Derby. His words remain anchored in my mind — 'The folk jest dednae ken *whit* we wir'.

During the years of the Second World War, Sandy's story has a hunted man feel to it, as though he had donned the shapeless hat worn by that literary man of the moors, John Buchan, whose character Hannay in *The Thirty-Nine Steps* is involved in a classic chase sequence. It is in Chapter V that Sandy's life-storytelling skills are especially vivid. But it also shows him to be more than capable of creating a fictional self-stereotype, as though he saw himself in such a role or embellished it for my benefit as listener. Be it fact or fancy, or a little of both, he reveals something of his personality. According to the American folklorist, Jeff Todd Titon: 'Personality is the main ingredient in the life story. It is a fiction, just like the story; and even if the story is not factually true, it is always true evidence of the storyteller's personality.'[5]

In 1942, Sandy married Margaret Johnstone or Townsley at Little

Dunkeld Parish Church. 'The Townsleys and Johnstones had intermarried for generations', and on the authority of Bessie Whyte, each was a 'rather high-spirited, explosive breed'.[6] Sandy's marriage to Margaret — better known as Peggie or 'Peckie' — was in the elopement style which was popular with travelling folk at this time. Numerous couples had the ceremony conducted by the minister within the manse, with sometimes a 'wedding breakfast' being provided. The Little Dunkeld ministers appear to have been especially popular with Perthshire travellers, and it is interesting that Sandy was married in the same place as his mother and father.[7] The couple also appear to have gone on a form of extended honeymoon, visiting family and friends, into the bargain.[8]

Once the war was over, the couple were apparently able to get on with married life, making periodic trips to Peggie's people in particular. The couple started a family but this did not prevent them from travelling in the summer to places as far afield as Dufftown, Grangemouth, Inveraray and Loch Ness. Fife became a popular winter base with them. With the arrival of milder weather, a popular orbit saw them leave South Fife for Kinross-shire, travelling by way of Leslie and Scotlandwell; some time might be spent in the Dollar area, before they crossed into Strathearn by Glen Devon. After travelling in Perthshire, they would leave in late autumn for Fife by way of Newburgh, or else see out the winter in parts of southern Perthshire. But especially since the 1960s, their main winter base has been the Largo and Lundin Links area of South Fife.

It was here on a dour mid-December afternoon in 1981 that Martyn Anderson and I first paid a visit to Sandy and his family. Our purpose was to find out how they were managing in dreadful winter conditions, when temperatures had plunged to Arctic levels. Home for Sandy, Peggie, and adult son Davie was a squat boo-backit tent covered with tarpaulin and a few pieces of old carpet. Their shelter was erected on a gapway between two fields, just off the main A917 on the eastern outskirts of Upper Largo. As we drove out of the village, a thin wisp of blue smoke could be seen rising from a skeletal hedge, behind which the tent lay. We parked by the road and followed a muddy track which led to the tent. Our approach alerted Sandy's black mongrel (also called 'Sandy') and he let out a series of wild howls. Within seconds, the tent flap was flung back and out darted the stooping figure of 'Auld Sandy'.

We were not altogether strangers. After a brief explanation, Sandy invited us into the tent. We ducked under the canvas for the first time and it was like entering a different world. There was a stack of wood near the entrance; cardboard and empty fruit boxes down each side; bedding at the rear. Smoke wafted up from a stick-fire enclosed in a rusty drum that sat on two bricks — there was no lum, just an overhead square gap in the tent roof which exposed its bough framework. The *gelly* (as this type of tent is known) was now a tight cluster of living souls — five faces, a dog and a fire. It was something of an honour to be here, possibly hastened by our gifts of German wine, beer and a pan loaf, which were readily welcomed, and understandably so: it was a bitterly cold afternoon.

At intervals, large flames licked the sides of the drum and leapt upwards. Peggie would nonchalantly stretch her chubby hands into their midst, giving them a slow rub, while proclaiming the virtues of 'a braw heat'. On one occasion the flames would have taken hold of the canvas but for Davie's fast intervention with a pan of water. This resulted in the type of fire that is best described as a smuddoch. There seemed no escape from the eye-watering reek, although it was noticeable that our hosts had a much higher tolerance level and would keep low to the ground. But my lasting impression of this first day was the genuine warmth and comradeship which prevailed. The beer and crack were followed with a sing-song with Martyn to the fore. Never did the raucous verses of 'The Wild Rover' seem more appropriate than against a background of crushed beer-cans and spreadeagled bodies, with the sides of the tent flapping in the wind as an accompaniment to the singing. But as I was later to discover, there were other, less exuberant times; fireless mornings, when Sandy emerged from a crumpled heap of old blankets and an ill man's blochering resounded through the woods.

Rapport was not simply established on the strength of a few beers. Since the early 1960s, Sandy and Peggie had regularly called on my parents. We were one of their 'hooses'. As a child I could recall their visits being around Christmas time. Peggie came to the door first, her weather-beaten face glowing under a tightly knotted headscarf. She presented a striking image — this lady who arrived wearing large dark coats that reached nearly down to her ankles, her seemingly bent back and eyes that had many stories. When she spoke she had kind things to say and I watched her mouth with its interesting yellow teeth, some of which were missing. She was the cheery woman from the woods: unforgettable to a child of five. Usually she came with a tin billy, sometimes a clutch of catkins or a few sprigs of holly. The latter were gifts for my mother, while the former was replenished with a strong, sugary tea. I always recall that tea. Once in the billy it became an alchemist's brew, steam rising from the surface and tea-leaves swirling on top like dead flies.

As for Sandy, he kept back at the gate, guarding their pram or pushcart. He was always told to come over and I recall his carrying a checked pillow which had strange waggling sticks. These I later found out were Mr Stewart's bagpipes. To my parents, Sandy and Peggie had a certain attraction and were knowledgeable people, especially about the countryside. The best settee was provided for them, as was a glass of whisky, which was usually reserved for very special folk like Santa. With my parents I listened to the travels of this wandering couple who were such interesting people that I was sad when they had to leave. Peggie would rarely depart without first being given an old cardigan, a handbag or a pair of fur-lined boots. Years later, in the course of my discussions with Sandy and Peggie, I was able to obtain their version of these events and was truly amazed at the small details they recalled. They both had the pin-sharp memory for faces found in travellers who have been raised within a traditional oral culture and whose diaries are carried in their heads. Both my parents had since died and it was a pleasure to share old times with Sandy and Peggie. Theirs was an understanding which mattered.

It was only after I had been visiting their camp for several months that one of my two supervisors at the School of Scottish Studies, Professor John MacQueen, cautiously suggested that I concentrate my research on Sandy's life experience. Up until then, I had been collecting a miscellany of information about traveller life in general. I was in the role of an outsider looking in, whereas Sandy would be able to draw on his first-hand experience from the inside: the sharper end of the wedge. By this time, my tape-recorder had become an accepted part of our conversations and there was no feeling of awkwardness in the presence of a microphone. A working rapport had been established over the initial period and I was by now accustomed to Sandy's turn of phrase and quick-fire mode of speech.

Each piece of fieldwork was a new and exciting experience which fired my enthusiasm. It was like piecing together a large jigsaw puzzle — new bits were added every day. Sandy bridged the cultural and generation gaps with good-humoured ease. He was a patient teacher with his own form of visual aids. For instance, when we were discussing certain tools, he would take a piece of stick and draw their outline on the ground, or show me how they were used by moving his hands or by picking up some nearby object. Frequently he would offset his rapid and excitable flow of words by periods of contemplation when his mind turned back to distant days. There were numerous moments of great hilarity as well as sadder occasions. When he movingly described visiting his dying grandmother in hospital there were tears in his eyes. It was a privilege that he should tell me and he won my respect as an older, wiser human being.

But fieldwork is a very human encounter with other people. The informant is not a mere stooge; he or she is the central character, especially in dealing with a life story. Yet clinically-styled writings often neutralise the fieldwork contact or even sterilise personality. Informants are not objects of cultural enquiry, they are people, individuals. Over a period of time it is hard not to become involved with their lives. Scientific objectivity has its place but so does accuracy through involvement. Essentially, the fieldworker has to achieve the correct balance for the task in hand, but also must give as much, if not more, of himself. My experience in working with Sandy was that it opened different doors on life.

Through Sandy, I was able to learn about, I could actually see, a different life. But it was more than that. Sandy's approach to life reflected his roots in traveller society. There are many positive things which people in so-called mainstream society can learn from travellers. Too often they only hear of the negative aspects. Sandy's outlook resembled an older philosophy at variance with the modern ideals of this materialist age. He was more in harmony with nature. He respected animals and the birds and the seasons. When a rat interrupted one of our recording sessions, he sat back and watched it foraging in the undergrowth, studying and anticipating its movements — keen to see nature at work. When he needed time it was there.

On many occasions I was able to have private discussions with him. This proved the best arrangement for collecting details of his life history. In the warmer months we would choose a secluded corner of the wood, Sandy squatting cross-legged on the ground, at one with the surroundings. Some days he appeared from the tent like an aged Huckleberry Finn, clad in a blue pyjama jacket (which served as a shirt), an old jacket and trousers (belted with a tie), and a pair of bin-salvaged shoes that had neither laces nor toes. The latter had been cut away since the shoes were too small. An outstanding quality of the man was his resourcefulness. For fuel, the Stewarts had in the past sometimes gathered sea-coal from a nearby beach.[9] Only once did I see them with a sack of bought coal and it was rationed by Peggie as though it were black gold.

Undoubtedly, the most rewarding aspects were when Sandy led the conversation and injected elements which I would never have got round to asking about. This freedom of self-expression was all-important to my quest as collector. 'If it is true that we can learn not only from the facts of a life story but also from the way in which these are expressed, it must be essential to ensure that informants organise their own stories in their own way'.[10] It is this freedom which reveals the shape of the mind and affirms identity. 'The life story tells who one thinks one is and how one came to be that way'.[11] In life history, the enterprise is essentially biographical rather than autobiographical.[12] A story is made, but history is found out.

It is a fact that travellers have been stereotyped by outsiders. Their way of life has been perceived in different ways, according to who is looking in, rather than the individual *per se*, looking out. Winter camping appeared to me an exacting business — far from the romantic gypsy image or 'wind on the heath' view. Sometimes rain would soak parts of the living area within the tent or gusts of wind would scatter wood ash everwhere. Days of continuous heavy rain saw the family cooped up in their tent for hours on end. To Sandy, this was part of life; there would be better days ahead. A good-going fire was a great morale booster: lighting the dark, providing warmth, drying clothes, or boiling a smoke-blackened pot of *kyach* (soup). Anecdotes, jokes and stories were equally vital in boosting morale and shortening the long days of winter. Recording Sandy was very different under these conditions. Microphone cables had to be kept away from the red hot 'stove'; pots clinked and wood sparked; the dog liked to bark when you'd just pressed the 'record' button.

It was at these times that Sandy enjoyed holding court. He was a goblin sage, jester, entertainer and teller of wild tales. He revelled in telling byname anecdotes. The humour of these — at times rather close to the bone — drew power from his barbed metaphors, razor-sharp observation and supreme mimicry. His whole personality was thrown into each performance, egged on by Peggie who rocked the tent with side-splitters of her own. There were entire evenings when the emphasis was on eerie stories of his own experiences, with Sandy lowering his voice to a whisper — just audible above the souch of the fire-can — when a sudden screech would nearly bring the tent down. The magic of the effect was enhanced by a solitary flickering candle, or the dance of the flames which cast enormous silhouettes on the canvas — shapes of Burkers, bogles and other ghouls.

It is clear from Sandy's collection of byname anecdotes that he relishes the mishandling of pronunciation. Similarly, speech impediments are maximised for effect through mimicry, and this also applies to certain regional dialects. Sandy found the intonations of the Black Isle travellers to be irresistibly funny. Byname origins are an integral part of the travellers' oral storytelling tradition. For a separate list of these see Appendix III.

Yet Sandy's anecdotes in this respect go beyond explaining the reason for a given name. They assume the proportions of a structured character sketch which focuses on individual appearance, human traits and weaknesses. The characters are portrayed as larger than life figures in a variety of cartoon-like situations drawn from a seemingly desperate real life. There are the comic escapades of gluttons, the remarkable eaters of remarkable foods, fantastic storers of food, the nonsensical acts of winos, gutsy tramps, quiet men and garrulous eccentrics. They collectively form a genre which underpins a stratum of society as perceived by Sandy through his own individual experiences of life and those around him. He is able to cast this sub-culture in a role whereby he is on top; whereby his role as teller sees him in control with the last word, the last laugh. At times, Sandy could hardly get the punch-line out for near-hysterical laughter, stretching the penultimate event to breaking point before a runaway train of words exploded with a cacophony of sound: and even the dog looked amused.

These are not the polished gems of a formal storyteller whose audience comprises strangers in a lecture room. These are not words that have been manicured for an anticipated wide audience. They are raw uncut deliveries told in snatches round a camp-fire in the presence of an outsider. Their rawness is not their trademark *per se*. It does however allow an immediacy, an impact and combustible spontaneity which is perhaps closer to the improvised tall-tale or joke. They also contain key-words and descriptions which are cleverly slotted so as to separate the content from entire fantasy and bring them closer to what are called 'in-jokes'. Be it mirth or message, they are distinctly oral with a truth that lies in the innovative act of telling. For it is through these that we can see personality at work.

Sandy's descriptions were triggered by the eccentricities of people and the unusual or striking aspects of places and buildings. Some of these he nicknamed accordingly. 'The Devil's Lodge' was an estate lodge in East Fife which had a crouched gargoyle on top of its pyramidal roof.[13] Similarly, routeways were placed in individual categories — 'back pads', 'glen roads' and 'heich roads'. Sandy's pronunciation of place-names reflected local dialect as well as more antiquated forms: e.g. Kinneucher (Kilconquhar, Fife), Snipetoun (Wolfhill, Perthshire) and Seerius (Ceres, Fife).[14]

Sandy's descriptions of people are full of small but significant details that reveal a striking depth of visual memory. The use of metaphor can be compared to the style of Gorky with particular reference to the bare-foot tramps or *bosiaki* whom we find in the great Russian writer's early stories. In *Three Of Them*, the dishevelled and half-clad shoemaker, Perfishka, is described as 'a drunken mole' but, in the mould of Sandy's Cackie Eppie (Chapter IV), remains inseparable from his harmonium and his songs. As fantastic and improbable as these characters may appear, they are the products of vivid life experience: real and very much alive in the minds of the narrator. They have a presence which transcends the eclipse of time.

My own interest in spoken Scots was fostered through contact with Sandy. His language made little concession, if any, to contemporary forms of expression. Transcription proved to be a thought-provoking exercise since a considerable amount of controversy still ranges over the presentation of written Scots. Certain factors eased my path. I had frequent recourse to that great storehouse of information, the *Scottish National Dictionary*. The *Concise Scots Dictionary* staff were extremely helpful; this splendid addition to the knowledge of our language was then in its final preparation. For the actual word structure, I found the late Robert Garioch's transcriptions in *Tocher* to be invaluable since they showed what could be achieved by careful attention to sound and a mode of construction which captured the correct stress. I also owe a debt in this department to my father-in-law, Alastair Mackie.

In my two years of recording Sandy, he and his family moved between three unofficial camping grounds on at least eleven occasions. Two of the camps were secreted within woodland, ensuring a degree of privacy, natural shelter and proximity to a fuel supply (brushwood and cut boughs). The family shifted when they became tired of their surroundings. Certain other factors could accelerate a move — the threat of being moved on by the police, the arrival of interlopers, or a build-up of vermin scavenging near the tent. The large winter *gelly* was replaced in the warmer months by two smaller tents which dispensed with an inside stove. A pram and push-cart with rubber tyres provided a means of transporting tent gear, firewood, provisions — and their dog when it became weary!

The family travelled mostly on foot, their rare journeys by bus being more in the vein of mobile soirees. Their sole concession to the material age was a black and white television set powered by a car battery. Western films were especially popular although viewing was selective since Peggie would sometimes give the order, 'Turn thon rubbish aff'. But unquestionably television had extended their world's-eye view. When the fugitive gunman, Barry Prudom, was at large in the Yorkshire countryside, the news caused real alarm to Peggie who hoped that he would not take refuge in their particular wood. On another evening, a unicorn appeared on the screen, and although rapturously received — as with all animal stars — Peggie demolished the theory that this was a creature of myth. By the same token, Sandy revelled in films of the werewolf type — perhaps an unusual choice for someone living within a dark wood.

Being with the Stewarts was never dull. They had their grumbles, their moans and their problems — but which family doesn't? There were some memorable events and characters, none more so than an incident involving The King of the Lower World. This traveller was given the byname by Sandy, partly due to the shape of his beard. With his wide-brimmed hat and fur jacket, he reminded me of a pioneer from the Klondyke era. In the wake of some domestic crisis, The King decided to pack up his stuff and take to the road. His gear was stashed inside, below, and on top of a decidedly rickety pram. After only a few hundred yards the flitting came to a sudden halt. The weight of heavy tarpaulin covers, reek-pipe (which jutted out like a battering ram), blankets, basins and pots, had caused the pram to collapse. Undeterred, The King returned to borrow a newer model from the Stewarts who kindly agreed after a huddled discussion. Off went The King once more, this time without mishap. Behind in the wood were the marks of his throne — an incongruous heap of ladies' clothing, trampled cigarette papers and a large but very empty bottle of vodka. This mess was later tidied up by the Stewarts, lest they be blamed for something which was not their doing.

My lasting impression, however, was of a family's inherited resolve to keep to their own way of doing things. Their lives had been affected by change, but still they battled on against ever-increasing odds: even fewer places where they could camp, faster traffic on the dangerous roads, advancing years, and a less trusting society where the old ways were no longer important and people were more out for themselves. One village store introduced a form of prohibition for the Stewarts. But censorship and narrow-mindedness were not found in every quarter. An antiques dealer described the Stewarts to me as 'the best bits o Lundin Links'. The settled people in such places were not as douce as they made out, and at least the Stewarts were honest enough to admit their faults. For me, they were warm-hearted unassuming people — characters in their own right — who asked for little, but gave a lot. I see yet, Sandy walking slowly up the brae to Upper Largo in the sleet, behind his wife and son with their home packed in a barrow; heads down, coat collars up, perhaps shabby, but with integrity — together as one.


Unlike tramps, who dropped out of wider society and then took to the road on their own, Scotland's tinkers or travellers make up a 'clannit society' that has been on the road for centuries. The Scots travellers share a strong sense of kinship based on close family ties, and regard themselves as distinct from gypsies or other itinerant groups. They retain a strong sense of identity — an ethos — which finds expression in a rich oral culture. Traveller folkways and traditions have been orally transmitted for generations. Their identity is further strengthened by a cover-tongue or Cant — of which there are regional variations — and also by the often entrenched attitudes of the settled population towards them. Historically, the group has been accorded a pariah status — 'in the eyes of the settled population they remain outcasts in most areas and are often condemned for what they are, rather than for what they do'.[15]

Those who possess settled roots sometimes prefer not to see the other side of the coin, namely that being on the road is as much a way of life as being based in one place. Wayfarers generally have been met with suspicion.[16] The stranger or outsider was sensed as a menace by ancient communities. But travellers also preserve a feeling of mistrust for those outwith their society, at times bordering on paranoia, but perhaps understandable from the historical point of view. At one time, an itinerant without a trade was deemed a social misfit and liable to be transported or worse. Even in the 1920s, certain Chief Constables held the view that tinkers should be put into labour colonies.[17] Under the Nazis, at the instance of Hitler, Himmler and Heydrich, the order was given for the liquidation of all gypsies.

Travellers are still with us, and controversy never far behind them. Many have struggled to retain an identity of which they are very conscious and in some cases very proud. Besides their own specific caste culture, travellers have retained a Scottish tradition, expressed in the great ballads, folk-tales and bagpipe music. But it can be dangerous to generalise about travellers since they are not all the same. In human terms, they are individuals, each with a separate storehouse of experience, one of which forms the basis of this work. In economic terms, there are sharp contrasts within traveller society. Although a single group, they acknowledge no common leadership nor speak with a united voice. By the same token, their individual voice has not seemed to matter. For many, they were just 'the Tinks'.

But who are they? The origins of Scotland's travellers have been obscured by time. Explanations tend to be based on flimsy conjecture and romanticism. Court cases of the sixteenth and seventeenth centuries periodically refer to 'Egyptians' or Gypsies, but also mention 'tynkler', 'tincklar' or 'tinclair', thus pointing to some distinction. The latter appear on charges of 'ryott', 'slauchter', 'theift', 'robberie' and 'hamesuckine' in the Justiciary Records of Argyll, 1664-1705.[18] But Scotland's travellers also include the descendants of itinerant craftsmen, broken clansmen, outlaws, mendicant soldiers, deserters, Irish exiles, fugitives and refugees from dynastic and religious hostilities. Many travellers themselves point back to the time of Culloden as being of great significance to their heritage.[19]

Duncan Campbell's recollections of life in the Glenlyon area of Perthshire, mainly in the 1830s, endorses the view of tinkers as itinerant artisans. 'In my young day tinkers mended pots and pans, and made spoons out of the horns of rams and cattle. In the time of my grandfather, and even later, they still retained their old repute for being capable silversmiths to whom people brought gold and silver to be melted down and to be converted into brooches, rings, and clasps for girdles, or to decorate hilts of swords and daggers'.[20] The very name of Alexander Stewart belonged to one such tinker-smith of the seventeenth century. He produced highly reputed silverware, in particular fine table cutlery for the big houses. His customers commissioned the work and supplied the base material in the shape of redundant household silverware. There was thus a wider tradition of craftsmanship in metal, not simply tinwork, although this was for years the most popular trade.

Dr Hamish Henderson of the School of Scottish Studies has made the point that 'some of the tinker groupings, both in Scotland and in Ireland, make up a kind of underground clan system of their own'.[21] The surname Stewart was widely found amongst travellers, particularly in the Highlands. In Perthshire and Angus (formerly Forfarshire), others included Townsley, Johnstone, Reid, Whyte, McCallum and MacLaren. Since the First World War there has been a dramatic move south from Highland areas, many travellers leading a more sedentary life on the urban fringes of the Central Belt. This parallels the general move of population from rural to urban areas, but was also a product of changing needs and the decline in traditional traveller crafts and occupations. These were essentially geared to plug every available niche in the rural economy of the day. In addition, there was a continuing process of barring access to camping grounds used by travellers for generations.

By 1890, the import of cheap mass-produced tinware had already begun to dent the demand for tinker-made goods, although tinker-smiths were found in outlying areas for many years after. Horning, another traditional traveller craft, was on the way out by 1914. Travellers were forced to adopt other means of livelihood. Peddling and begging were a perennial stand-by. More and more travellers took on seasonal work: helped farmers with the hay-making and harvest, shawed turnips, or worked in the oak woods peeling bark which was later sent to tanneries. But there were dramatic fluctuations. For instance the number of seasonal peelers employed at the bark stripping in Perthshire for the year 1878 was in excess of 2000. The following year saw this workforce cut to under half due to imported material.[22] Diversification was the order of the day.

In 1918, a Government report on 'Tinkers in Scotland' noted that 'road mending, stone breaking and quarrying have in some districts been carried out efficiently by tinkers. . . .'[23] An earlier newspaper account of tinker life in Forfarshire wryly reported 'some of the men take a job in the quarry but as they can get more for a Saturday night's piping in the Greenmarket [Dundee] than for a whole week's hewing, they are not devoted to labour'.[24] As a rule, travellers preferred jobs which could be completed in a short space of time, allowing them greater freedom to see the country, meet friends and enjoy the fruits of their labour. Travelling was more than economic need based on mobility — it was a way of life, in your blood from the day you were born.

> 'A real tinkler traveller was born on the road, used to the road, was never in a house, beggin from mornin to night if need be. An he liked to pack his stuff — at one time it was a bundle on his back or a barra — and shift to any place where he could put his camp up and no have a dose o keepers, policemen, farmers and gentlemen comin down shoutin at him. The police used to lead the travellers from one county to another at one time. You see, at one time you *could* go along the road, over a hedge and into a wood, and put up your tent — and nobody said anything to you'. (John Stewart, b.1910)[25]

Travellers had long enjoyed a customary right to camp on common ground, unproductive land, or by the side of ancient rights-of-way. 'The old gentry and nobility used to give them camping grounds and many tinker families had the hereditary right of camping on certain lands which the older proprietors allowed to be used from immemorial time'.[26] In the 1920s, a new type of estate owner was being found — moneyed individuals from the ranks of the bourgeoisie. There was no continuity of tradition over camping grounds; the land was there but the tolerance was not. Travellers were ordered away and kept on the move. The police were regularly called to deal with situations of conflict as owners enforced their powers without fail, and at times with a zealous inhumanity. The plight of those on the road was commented upon in the 1936 Report. Tinkers were 'being driven from place to place, even from county to county . . . forced in many instances, into odd corners, quarries, sandholes and other damp places which are menaces to the health of the children.'[27]

A move towards the towns had already started during the First World War, when traveller women were unable to manage on their own in tents with large families and required to be near a post office to draw allowances. A 1917 Census showed the majority of Scots travellers in houses — but often these were condemned properties in the vilest slums. Despite the hardship, the road seemed a better alternative. For those traveller men who served their country in the national cause, it must have severely tested their spirit to return from the trenches and find a country which had used them in war, but could not find a place for them in peace.

About 1917, the Church began to take a specific interest in the so-called 'Tinker Problem'. A Miss Dorothea Maitland, who previously served with the Aberdeen Police, was asked by the Church of Scotland's Home Mission Committee to gather evidence and report on vagrancy in general, and tinkers in particular. One of her published reports made reference to the situation as it then existed in Perthshire and Kinross: 'In winter 1931, when as a rule those who have houses are in them, out of a total of 518 homeless vagrants found in Perthshire and Kinross, about 320-330 adults and children were of tinker habits, if not always of tinker descent, and unfortunately families of Irish vagrant origin are among them. Thus in Perth and Kinross alone, at a time of national depression, 320-330 people of tinker habits camped about and supported themselves with, as statistics show, little reliance on public assistance'.[28]

This allows us a glimpse of how officialdom perceived travellers in the district where Sandy Stewart spent most of his formative years at that time. It also says a great deal for those of 'tinker habits' that they managed to survive on the margins of settled society at a time of wide-scale poverty, when the country was devastated by mass unemployment. The actual figures would doubtless have come from a half-yearly police census, and as more recent collecting agencies readily concede, should be treated with caution. Nonetheless, they make an interesting comparison with an 1895 estimate of the 'moving poor' in Perthshire, provided by the county's Chief Constable, Mr John MacPherson. He put the tinker population at around 200, with a further 300 'moving poor', mostly 'professional tramps' whom he considered were 'more dangerous' to society.[29]

Hardship was nothing new to the traveller fraternity. For many years they had mastered the art of survival. Until the late 1930s certain families had intermittently occupied coastal caves at Caiplie, near Cellardyke, and at East Wemyss in Fife. There were tinker caves on both sides of Wick Bay, at Collieston in Aberdeenshire, near Southend in Kintyre, Lossiemouth, Kinlochbervie and Auchmithie.[30] In the nineteenth century, Fife 'gypsies' occupied tents, kilns or other outbuildings.[31] And, according to Campbell, tinkers visiting Glenlyon were given the use of well-thatched kilns used for drying grain.[32] In May 1827, the *Perthshire Courier* reported that a group of forty-seven tinkers and gypsies were bivouacked by the side of a plantation to the north of Methven.[33]

> 'Sometimes travellers were lucky if they had a tent. They just put a spread down and lay oot, or took up the *skipperin* — kept going until they found a shed and went into that old shed. You see, a lot o travellers didn't even have a tent, but they'd more peace o mind, some o them, than we've got in the houses'. (Joe Stewart)[34]

Amongst travellers the tent is referred to as 'a camp'. There were different styles of tent for summer or winter, and depending on the size of family and availability of materials. But essentially the main type was a constructed frame of bent saplings (ash, birch, or hazel) which was covered with duck-cotton, heavy duty tarpaulin, old carpets or felt — anything which would provide a rain-resistant shelter and insulation. The older type of winter *barracades* was characterised by a higher dome-shaped roof in the middle which eased the problems of fire-reek in the central living area:

> 'The barracade wes a good thing — better than some caravans today. Ye had yer living room, then ye had yer bedrooms: not like a gelly ye see nowadays — all the one. . . . The fire was in the middle o the floor — no drum, tank, or anything like that — a fire on the ground. Then ye had a thing like a big gramiephone horn that went up aneth the roof and drew the reek up . . .' (the late Alexander Reid, 1922-85)[35]

Twelve to fifteen yards of duck-cotton were required for the covers, and according to one traveller I spoke to, it was generally the menfolk who stitched these together, using a rounded seam in order to prevent seepage. The barracades were not unlike the 'shelter' tents used by Irish tinkers in Connaught, which had open fires in the centre and were sometimes covered with oat sacks that allowed the smoke to escape; it rose through the ceiling but the heat from the fire kept the rain out.[36]

Gellies were single-unit winter tents, widely used until the 1960s. Their shape reminds me of the old low-lying houses found on Benbecula, whose thatch was weighted with stones, the overall streamlined appearance being adapted to a wind-blasted environment. The gelly was usually heated by an enclosed stick-fire with projecting lum-pipe or *vunnel* as it was known in the Cant. Unlike huts or caravans, a tent could be dismantled and transported cross-country.

> 'Time has changed a lot, an the interesting thing in wir time was that a lot o the travellers went wi donkeys an *sackits* as they called them. Thats away back eighty or ninety year ago, and they went from place to place that way. They carried their (camp-)sticks on the donkey's back. Then, they changed again and they took to barras, whirlie-neuks or whatever. And they changed from that again to pony and traps and then they changed over to old cars. The first cars ever I saw were the old Henry Fords. 1929 would be about the time when the first o the travellers had them.' (Duncan 'Dochy' Johnstone, b.1915)[37]

Even in the 1920s, certain travellers were moving around the country with pack animals. Old bicycles and custom-made carts were common in the Thirties, and those who assembled for the annual berry-picking spree at Blair came by whatever means they could manage. 'They come in carts with tiny ponies in front and half a dozen children bringing up the rear. They come in decrepit motor cars heaped with brooms and baskets. They come with little hand-carts piled full of rags, jam jars and scrap. They come in caravans, and they come on the flats of their feet. Blairgowrie in June and July is the rallying-ground of every tinker, man, woman, and child, who tramps the roads of Scotland'.[38]

As heads of semi-itinerant families, traveller men had to be jacks of all trades. But traveller life was a team effort. Families on the road would pool their resources, women and young folk alike; each had a role. Children scoured dumps for scrap or old tins that might be given a new lease of life by their fathers. The womenfolk peddled a miscellany of small goods and clothing in town and country. Sometimes, when they had money, bulk purchases of 'seconds' or discontinued stock would be made by mail-order at rural post offices. Traveller pipers would busk in the streets, village and town pubs, or at local beauty spots frequented by summer tourists. Many families dabbled in pearl-fishing. 'Wandering Irish families came hawking, pearl-fishing or following other obscure occupations'.[39] The 1918 'Report on Tinkers' mentioned Forfar and Perth travellers going to the far north of Scotland to 'sell German wares, wash gold, fish for pearls, poach, steal, beg and generally have a good time'.[40] They may have snatched the odd peat, turnip or trout, but in general the old-style traveller was far too wary of the Law to engage in general pilfering. Besides, they made convenient scapegoats for local misdemeanours, and travellers were only too well aware that they would be prime suspects.

Travelling people lived a hand-to-mouth existence. They had to be flexible in order to survive, matching their needs to things which others had no use for.

'Anything wes money tae ye — rabbit skins, woollens, rags. Things that people wid be throwin away wes money tae a tinker. Old uppers o boots — ye could tak them tae a cobbler an he pit new soles on them. Ye could sell them second-hand.' (Alexander Reid)[41]

Bones, brock wool, horse hair, parts of clocks and broken umbrellas — they all had a value (as did the trinkets and coins reaped from an Appin wishing well). Travellers instinctively relied on their wits. A little crafty deception did not go amiss when nature couldn't provide the exact article:

'The Tinks wes a master at it — turnin the red heather intae white heather an sellin it on the streets. When the heather wes at a certain growth they would put a big flat stone on top o the young heather an it bleached itsel oot. By God, they'd got one or two good roots an then they'd be sellin it, for it aa looked white at the time. But once ye put it intae yer jar o water, it went back tae the original colour.' (James Laird, b.1912)[42]

The choicest examples of traveller opportunism are enshrined in local folk-lore (see Appendix IV). Poverty and habit sometimes accounted for a special brand of resourcefulness.

'Ma mither smoket a pipe. Black Bogie or Heather Bell — thats whit she smoket. She could chow it tae. An she could chow an auld *stiumer* tae. If you got ain thats seasoned an pit it intae a cloot, an jest on the tap o a stane — get a wee hemmer an bash it, same as oatmeal. Then catch it in yer loof an pit it in yer mouth.' (Peggie Stewart, b.1925)[43]

The material culture of the travelling people demonstrates a marvellous ingenuity and awareness of natural resources. This extended from the basket-maker's skill in selecting the best willows at the right time of the year, to the horn spoon-makers who polished their product with a folk-secret compound of wood ash and soap. There were the old traveller women who baked on flat stones and knew ancient herbal remedies which the country people often asked them for. They were the great improvisers of our time. For nappy powder, a substitute was sometimes obtained in the form of dander that came off flannel which had been heated over a fire. These older women of the road were able to pass on many skills to their daughters and granddaughters. Some were matriarchal figures, imposing in their own right; they commanded respect and got it, men included. Traveller culture was perhaps impoverished, but it was one where people mattered more than possessions. The most important thing to travellers was their freedom, their way of life.

'In the month of July we usetae go away to the flax-pickin, maybe twenty-five, twenty-six o a crowd — all different clans and names. We usetae hae quite a good time: big doos, bagpipe music and one thing and another. But jist like everything else it wis a job that died out. Then we used to go over there (Perthshire) an do quite a lot o the harvest work but now the combine harvester is killed aa that. An now they've started havin the potato-liftin machines.' (Willie Cameron)[44]

As the 1930s wore on, seasonal work became more and more important for travellers. Modern pots could not be soldered and tinkering was fast becoming a dead occupation. Peddling was hopeless in some areas due to saturation, and besides there was now competition from the likes of Woolworths. Travellers diversified into numerous small lines which were of limited or seasonal demand: gathering cones, picking clover-stones from the fields, turnip shawing, harvesting, burning whins, potato lifting and berry-picking.

The eight or nine week soft fruit harvest — better known as 'The Berries' — amounted to *the* social event of the travellers' year. Special trains brought pickers to Blairgowrie from Dundee and the surrounding towns. Shanty towns of rickety huts and entire tent villages sprouted up beside the berry fields of East Perthshire. Travellers and other migrant pickers enjoyed a nightly round of impromptu revelry which was not appreciated by everyone. The local press viewed the pickers with contempt, referring to 'the tramp class of picker' and 'multitudes of undesirables' descending on Blairgowrie from all directions. In July 1906, they estimated that on one morning there were '1500 of the class referred to' lingering around the town's Well Meadow area, due to a late crop holding back their employment. It was hire and fire *en masse*, wages remaining at pitiful rates for many years. 'On Tuesday, the tramp class of picker on one of the largest fruit farms struck for an increase in wages to ¾d. per lb., and endeavoured to get local pickers to join them. All the nomads were dismissed, and local hands continued at work on old terms.'[45]

Each year the Blairgowrie area received police reinforcements from other parts, Dundee in particular. The local Police Courts at Blairgowrie and Rattray dealt with many petty offences such as drunk and disorderly conduct, breach of the peace, and in one case peddling knitting needles without a licence. Quite a few of the accused were mill workers from Blair, navvies, farm servants, vagrants and peddlers (many possessing Irish surnames). The majority were berry-pickers whose designation was abbreviated to 'b.' in the court-case columns of the *Blairgowrie Advertiser*. For those eight or nine weeks of the season, Blair became Perthshire's answer to Dodge City, with its own variety of horse dealing, street punch-ups, pub brawls and travelling shows. But it is perhaps too easy to forget the many sterling folk, out to earn some extra cash and enjoy the fresh air and friendly atmosphere of the berry drills.

Despite the low wages, travellers made it an occasion which is still celebrated in story and song. An analogy can be found in Daniel Garza's account of the *Pizcadores* — the migrant Chicanos who headed north each year for the cotton fields of Texas. 'The migrant camps had a festive air about them. On Saturday nights there was gaiety and foolishness. The old men, the *viejos*, sat around in circles smoking their Bull Durham and making sure the *pachucos* didn't get their daughters in dark places. There was dancing, with the younger men playing twisty music on their guitars and *concertainas*, and always someone threw his head back and let out with a yell, the way the *mariachis* do when they sing ballads. The *viejas* busied themselves making hot tamales and tangy tacos, filled with *frijoles* and *salsapicante*. They went well with a little beer. You don't see those things any more.'[46] Like the *pizcadores*, the travellers have their ballads and songs. These crystalize old important values and keep their spiritual heritage alive. And like the *pizcadores*, travellers provided the farmer with additional labour, before there were machines to do the job. They made the flagons, toasters, fillers, ladles, besoms, baskets and pot scourers which were used in many households. They stamped their own mark on rural life.

The curb on what the bureaucrats term 'haphazard' camping heralds the end of the old traveller life-pattern as it was found in many areas. With the introduction of official sites, travellers must lead a more settled existence on the margins of built-up areas. A significant proportion make a livelihood from general dealing or recycling scrap metal and waste oil. Change in itself is nothing new. Travellers have always varied their means of income according to the times, as well as the season, locality, and individual talents of those concerned. Some families have always adapted to changing circumstances faster than others. Some have left the road for good, accepting a more mainstream life-style — although it is another matter whether mainstream society accepts them. A tiny minority have stuck it out in tents, seemingly caught between the old ways and the accelerating pace of modern life.

Many who experienced the old times will not be sorry to leave the hardship behind. But there were other days, other journeys. The trot of the pony meant new parts and different faces. Life could be rough but it was also varied and far from dull. There was laughter and the smell of home in a stick-fire:

'Ye wid see them aa sittin an singin round the fire — happy tae. They usetae sing The Roads Tae Baxter's Mill and The Bonnie Woods o Hatton and The Berryfields o Blair. They made songs about their *feekils* — their rags. Oh, everything wes happy. Ye ken, Ah think the world's awfie queer noo. Ye don't see the same way at aa'. (Peggie Stewart)[47]

And as a final thought, I wonder how many people on reading Sandy's reminiscences would share the feelings of Miss Dorothea Maitland, who in a letter to Andrew McCormick, author of *The Tinkler-Gypsies*, concluded with the following remark: 'It seems very presumptuous of me to be writing to you on this subject the only excuse is that Tinkers are so utterly inarticulate that they need all the champions they can have'.[48]

Roger Leitch
23 June 1987

# NOTES

1 1920 *ROB*, Kirriemuir (299), 75.

2 See Jeff Todd Titon, 'The Life Story', *Journal of American Folklore* 93 (July-Sept. 1980), 276-292. Also L. L. Langness, *The Life History in Anthropological Science* (New York, 1965). Langness states that anthropologists collect life histories primarily to obtain information about culture as opposed to the individual. Of a different genre are the biographical analytical studies by Edward D. Ives, particularly *Joe Scott: The Woodsman-Songmaker* (Urbana, Illinois, 1978). This pioneering work took eighteen years research and is a fascinating study of great humanity.

3 Hugh Stewart died on 8 July 1918, aged forty-nine. Cause of death was concussion of the brain (1918 *ROD* Brechin (275), 66).

4 David Stewart, born 6 October 1894 at Robiestown, Huntly. Son of Hugh Stewart, Tinker, and Martha Whyte, Tinker (1894 *ROB* Huntly (202), 106).

5 Titon, 'The Life Story', p.290. See Roy Pascal, *Design and Truth in Autobiography* (Cambridge, Mass., 1960).

6 *Tocher* 23 (1976), 249.

7 Married 10 August 1918 at Little Dunkeld by C. M. Robertson, Minister of Little Dunkeld, David Stewart . . . to Martha Reid. Both parties signing by their mark.

8 See Farnham Rehfisch, 'Marriage and the elementary family among the Scottish Tinkers', *Scottish Studies* 5 (1961), 121-148.

9 Of comparative interest here is Polly Pattullo's 'When the Coal Comes In' (*The Observer Magazine* 13 April 1986, pp.28-34), an insight into the precarious existence of a mixed community (gypsies, ex-miners and others) of sea-coalers who eke out a livelihood by gathering in coal from a barren stretch of coast near Newcastle.

10 Isabelle Bertaux-Wiame, 'The Life History Approach To The Study Of Internal Migration', *Oral History* 7, No. 1 (Spring 1979), 30.

11 Titon, 'The Life Story', 290.

12 Langness, *The Life History*, 1-7. The life history is a written account of a person's life which can be based on spoken conversations and interviews. The main text here takes that format but also includes lengthy passages which are sustained narrative, the product of one person and transcribed verbatim. With autobiography, the question of dual selection does not arise. The memories are selected and structured by the author. As with biography, the life history proceeds from an investigative or historical stance rather than the fictional base of pure life-storytelling. In life story, we are concerned with the making rather than fact.

13 Built in 1898, Balcarres Lodge was a creation of Sir Robert Lorimer. Its situation at the head of a declivity meant that the building would be seen in silhouette against the sky. Lorimer took advantage of this by crowning the roof with a grotesque finial. The idea of using sculptured beasts on buildings is a medieval one (from information kindly provided by Dr Bruce Walker, Lecturer in the Dept. of Modern Architecture at Duncan of Jordanstone College of Art, Dundee).

14 'Seerius' is given for Ceres on Gen. William Roy's 'Survey of Scotland, 1747-55', MS, British Museum. Snipeton was the old name for Wolfhill.

15 Hugh Gentleman and Susan Swift, comps. *Scotland's Travelling People* (Edinburgh, 1971), p.1.

16 Conrad Arensberg and Solon Kimball, who studied rural life in County Clare in the 1930s, noted that itinerant tailors and weavers were disliked by locals because they were 'travellers' (Sharon Gmelch, *Tinkers and Travellers* (Dublin, 1975), p.23).

17 Questionnaire Return from the Chief Constable of Dumbarton to Andrew McCormick dated 30 November 1921. This view was not by any means representative. The 1918 Departmental Committee on the Tinkers dismissed the proposal of the 1906 Committee that tinkers should be put into labour colonies.

18 John Cameron, ed., *The Justiciary Records of Argyll and the Isles 1664-1705*, vol. I (Edinburgh, 1949).

19 Old Foly Stewart mentioned to Christian Watt that his great-grandfather had fought with Stewart of Appin, and fled to Buchan after Culloden (David Fraser, ed., *The Christian Watt Papers* (Edinburgh, 1983), p.25).

20 Duncan Campbell, *Reminiscences and Reflections of an Octogenarian Highlander* (Inverness, 1910), pp.24-25.

21 Hamish Henderson, 'Tinkers', *Man Myth and Magic* 102 (1971), p. 2854.

22 *Perthshire Courier*, 5 August 1879, p. 2, col.5.

23 *Report of the Departmental Committee on the Tinkers in Scotland* (Edinburgh, 1918), p.23.

24 Undated newspaper account in the personal scrapbook of Andrew McCormick, thought to be from the *Dundee Courier* c.1904-1910.

25 (Transcription Book 1), John Stewart recorded by Roger Leitch at Kirriemuir, Angus, on 23 March 1982.

26 Rev. Denis Sutherland in Gentleman and Swift, *Scotland's Travelling People*, p.16.

27 *Report of the Departmental Committee on Vagrancy in Scotland*, Cmd. 5194 (Edinburgh, 1936).

28 Dorothea Maitland, 'An Account of Gipsy Camps in Surrey Supervised by the Hurtwood Control Committee, with bearing on Tinker Camps in Scotland', North Berwick, East Lothian, 1 June 1932 (mimeographed).

29 *Report of the Departmental Committee on Habitual Offenders, Vagrants, Beggars, Inebriates and Juvenile Delinquents*, Cmd. 7753 (Edinburgh, 1895), Minutes of Evidence 6439 and 6507.

30 Hordes of 'Tinklers and vagabonds' are reported as having used the Auchmithie caves during the early nineteenth century. According to a newspaper account, they were distinct from gypsies and possessed of 'plunder, knavery, and riot' — *Caledonian Mercury*, 22 August 1829, quoted in Walter Simson, *A History of The Gipsies* (London, 1865), p.351.

31 *Exploits, Curious Anecdotes, and Sketches of the Scottish Gypsies or Tinklers* (Edinburgh, 1823; repr. Galashiels, 1983), p.40.

32 Campbell, *Reminiscences*, p.26.

33 *Perthshire Courier*, 17 May 1827, p.3.

(*Roger Leitch*)

**Plate 1**                     Sandy Stewart

**Plate 2**    Watching television: Sandy and Peggie with their son Davie.

(Roger Leitch)

34 (Transcription Book 1), Joe Stewart, recorded by Roger Leitch at Kirriemuir, Angus, on 23 March 1982.

35 *RWL40b* (Personal Tape Ref.), Alexander Reid recorded by Roger Leitch at Alloa, Clackmannanshire, on 29 March 1984.

36 George Gmelch and Ben Kroup, eds., *To Shorten the Road* (Dublin, 1978), p.18.

37 *RWL9b*, Duncan Johnstone recorded by Roger Leitch at Kenmore, Perthshire, on 26 March 1982.

38 Alastair Borthwick, *Always a Little Further* (London, 1939; new ed. Stirling, 1947), pp.90-91.

39 Maitland, 'An Account . . .on Tinker Camps in Scotland', p.5.

40 *Report . . . on the Tinkers in Scotland*, p.10.

41 *RWL40b*.

42 *RWL37a*, James Laird recorded by Helen Jackson at Perth on 14 December 1983.

43 *RWL35a*, Peggie Stewart recorded by Roger Leitch at Lundin Links, Fife, on 19 December 1983.

44 Transcribed from 'Go Move Shift', a documentary by Scottish Television broadcast on 23 November 1982.

45 *Blairgowrie Advertiser*, 12 August 1911, p. 4. 'As high a wage as 5s a day has been made at Essendy.'

46 Ed Ludwig and James Santibanez, eds., *The Chicanos: Mexican American Voices* (Penguin Books, 1971; repr. ed. 1978), p.32. Mexican-Spanish words used here may be glossed as follows: *frijoles*—kidney beans; *mariachis*—players of popular music; *pachucos*—young men; *salsa*—sauce.

47 *RWL27a*, Peggie Stewart recorded by Roger Leitch at Lundin Links on 2 February 1983.

48 Letter from Dorothea Maitland to Alexander McCormick dated 28 August 1925.

'He taught me much that one does not find in the thick volumes of wise philosophers, for the wisdom of life is always deeper and wider than the wisdom of men.'

Maxim Gorky, 'My Fellow-Traveller'

# Chapter 1
# Ever Tae Be Near Ye

*Some o my people; a keeper's dochter; big webs o tin; the cuddie that*
*tore the butler; she could put us on her back; at grannie's side in*
*Brechin; money at the flax; a sportsman's chance; thon wes a strange*
*pair o shin; dunts o coal aff an engine; nae readin wae the stories; the*
*king wae the wee flunkie baird; that wes the wey the devil workit;*
*hairy men an thir hermantide hoose; cleekity-cleek, cleekity-cleek.*

Ah think it wid be a little efter the First World War Ah wid be born. Ah
ken ma fether come back fae it an married ma mither in Dunkel. Thir
wes some o my people died in Perthshire. Ah've a grannie lyin in
Dunkel [Little Dunkeld], two uncles lyin thair an a sister o mine lyin
thair. Then the rest o them on the ither side — ma fether's side — is aa
lyin in Brechin. They're all from Perthshire an Forfashire, the two
sides. Ye see, by rights ma fether belonged Forfashire but he wes born
at Huntly, Aiberdeenshire. Ma fether tellt me he hed a younger
brother that died up at a place they caa Steps o Cally. He wes buried
thair an that brither wes named efter ma grandfether Hughie Stewart,
so ye got them whey roads every road.

David Stewart wes ma fether. Ma fether's mither wes a tinker tae
but she hed a hoose fer a lang time in Brechin. She went away oot all
summer, campin an gaitherin stuff wae a wee powny. She went up aa
the glenroads collectin rabbit skins an that, fer ye got sae much a dozen
fer them at that time.[1] Ye could get them intae keepers' hooses an ma
grannie sellt stuff tae, oot o a square basket. But when she got too auld
she dednae go oot fae the toon. She wes a Whyte. Martha Whyte ye
caad her, an ma mither's Martha tae but she wes a Reid. An Ah hed an
uncle Sandy an Ah'm caad efter him. Ma mither's fether wes Donald
Reid but it jest taks me aa ma time tae mind o him, fer he wes gettin
auld the time Ah seen him. Ma mither's mither wes Jean McKenzie.[2]
Ye see they wirnae merried but wir aa thir life thegether like a man an
wumin. They wir fae Perthshire — Strathbraan an Dunkel, but they
went lots o roads tae. They went tae the county o Angus tae, fer ma
uncle Sandy wes workin doon thair an they went tae see him. Sandy
wes in Edinburgh Castle a while tae, fer at that time they wir makkin
them sodjers. Efter he come back aff the ferm at the county o Angus, he

1

got a job at a ferm at Dalguise, drivin a carriage an pair fer the lady. He got a job at that, then thir wir fancy gairdens roon aboot this ferm. It wes a kind o gran ferm ye see an he got a job at makkin aa the gairdens wae flowers an things. But he campit oot jest the same.

He could camp in the grounds thair an his fether an mither campit fer a time in the grounds. Donaldoo they caad the fermer — the gentleman o the lady. The ferm wes atween Dalguise an Dunkel.[3] Noo, the first wife ma uncle hed, she wesnae a tinker. She wes a keeper's dochter. Janet Kennedy ye cried her. He went an taen anether wumin but afore that he wes campin in the wuid wae her. He ay usetae get campin in this fermer's wuid. The rest o the auld yins thocht it wes a joke at first, that the lass wid tak Sandy — but it wes nae joke. Him an the keeper's dochter usetae come back tae that wuid an camp. But she deid that yin an efterwards he got anether yin, wan o the Johnstones.[4] But he hod back an dednae merry this ither yin, in case he got the jail for merryin twice. Afore the ither yin deid she wes gaunna get ma uncle a guid job drivin a horse coal-lorrie in Perth but he wes back wi this ither yin Johnstone.

Ah mind o ma grannie — ma mither's mither. She went aa roond here an thair sellin things: peens an laces an studs an brooches. Sometimes she bud wi us an sometimes she went away up tae whaur ma uncle wes, near Ballinluig. She usetae gan up an doon fae the yin tae the ither. Tae look at, she wes as auld lookin as she wes. She hed a tartan plaid aboot her, same as whit ma mither wore. Ma fether usetae hawk a lot o things an he could mak heather besoms an pot reenges. An he mended oniething he got as he went along the roads. Then they got wee jobs, sometimes at ferms alang the road an wee hooses. Ah've seen him get a good gairden tae delve an they workit that way. They usetae gan round campin here an thair an ma fether done a lot o odd work — harvestin turnips, spreadin dung. An then when he wesnae daen that he went wi bagpipes an yin thing an anither. An ma mither used tae sell things tae. Ye usetae get big brunches o laces, rings an brooches — aa kinds o stuff in that days — pocket knifes, watches an everything. Ye could send fer them tae Charles Rattray.[5]

Ma fether never bothert makkin onie tinwork, though Ah've seen him daen it when he got a len o tools fae ma uncle Sandy. Ma uncle usetae mak the tin an got a lot o things tae souder at the doors, an thoosans forbye him done it. Ye could mak pans, milk cans an waterin cans wae big stroops on them. Ah knew a lot in Perthshire done that, an ma mither's fether done it. Fer makkin the tin ye needit a tinsmith's stake, but ithers again cried it a studdie. Hit wes like a letter 'T' an ye got them wae three or four wee neeks on the tap. Ye stuck hit in the grun in front o ye an sat flat-leggit. The wan that the blacksmith hes is bigger an hit sits ontae the flair o the smiddie. Then ye needit a wuidden mellet, hemmers, rivets fer pitten lugs on yer can, an snaps fer cuttin the shapes o yer tin.[6] If ye wir stuck fer solder ye could run it aff auld tins an this done fer yer seams. An ye hed whit they caa spirit o salts an roset, the same as whit ye pit ontae a fiddle. When ye walt the seam, ye could rub that roset along yer seam. Ye could send fer tin tae Glesgae at that time an ye got big webs o tin.[7] An if ye wir short o tin, ye usetae get square boxes that ye got in bakersies shops fer hoddin cream or somethin. They hed a screw-on lid an ye could open them oot an wash aa thae boxes oot, if ye wir stuck fer tin. Ye could mak cans or oniething oot o the like o that.

An at that time ye got aulder tinkers wi cuddies an cuddie yokes. Some o the cuddies wes awfie good workin beasts an ithers ull no work fer naebuddie. Ma fether's fether hed them at wan time an ma mither's yins hed them tae. The wife's granfether hed them tae. That wes Hughie Townsley. At wan time, donkeys wes the chaipest things that wes gaun. Yins that hed cuddies tellt me that at wan time ye could buy a cuddie in Ireland fer aboot seven an sixpence.[8] Some o thae cuddies wes dangerous an wed tak the heid aff ye. Ye got quiet enough yins but if ye got a wild yin, he wednae work or dae nothin but kick the brains oot o ye. Thir wes a butler ower thair in Blairgowrie killt wae yin. Ma granfether hed this cuddie an the whole yoke. They taen it tae Blairgowrie an sellt it tae a man caad MacGreigor. Noo, thir wes a lady up in Blair at that time caad Lady Grimond. Thir wes two o them an they hed butlers.[9] This gentleman bocht the donkey fae MacGreigor — it wes afore my day though — an it wes two or three days in the field at the front door. This day the butler went oot tae gie it a piece an it tore him doon wae its feets an mooth. They say that it wes the different claes that done it — the way the butler dressed — an it hed looked at the claes an taen a bad wey o the claes. It hed run intae him an tore him at yinst. An they say the butler wes gaithert up intae a white sheet aff the field. Lots o them tellt me aboot that.

When we wir awfie wee, sometimes ma mither wid cairry us intae her oxter in a shawl, an if it wes cauld she could put us on her back wi this shawl. It wes peent wae the shank o a spoon, sherpened at the end. This kept the shawl shut in a level way. They could mak thae skivvers ye see.[10] If ye pit it in the right way it dednae lowse an thir wes a thing like a seat they could mak fer the bairn. It wes a wee bunnle thing, tied the same as a three-cornered cloot an this wes tied roon the wumin an wes packit up wae rags or oniething.[11] Hit kept the bairn fae slippin through the plaid an ye got thick tartan motor-rugs, an they wes warm things fer cairryin bairns. Though we wir young we kept an ee tae everything we seen. Ah wes the auldest o the lot, though thir wir yins that Ah cannae mind o. Ah think two o them died an yin wes caad Jean. They both died in a camp but that wes afore my day.

3

Ah ken ma fether's mither hed a hoose intae Brechin — River Street in Brechin.[12] Afore she died we usetae gaun up tae the hoose every nicht fer we wirnae faur fae it. We usetae bide at the fit o the toon. Thir wes a gate gaun intae a dump an we usetae bide in an auld bow-tappit caravan. We shifted tae Glamis Green a while fer we thocht she wes gaunna be aaright but then we got word she wes intae hospital. Ah seen her when she wes dyin cos she got a haud o ma hand. Ah wes unner ma fether's oxter at the time, but Ah can mind o it, fer Ah can mind lots o things back a long time. That's the wey o it. Ye could see richt enough she wes dyin. She couldnae speak, but in a wey she kent us an the first thing she done wes taen a haud o my hand. We wir sittin at the bedside when she passed away. She died intae a home, ken, a place like a hospital an then when she was buriet, it wes a horse hearse taen her up tae the cemetry in Brechin. Thir wir two big black horses an they [the mourners] jest walket ahun the hearse. Thir wir a lot o folk at it, an folk fae the toon — they went up tae. She hed anether man but he wes away through the country an nane o us bothert tellin him onie word aboot it. He wes jest a follower tae her ye micht say an he wesnae the same kind as us ether.

The time Ah seen ma mither's fether he wes gaun on a stick. He wes gaun grey an hed a lang berd. He wid be a good age noo if he wes livin. He's buriet in Dunkel an the biggest half o them is buriet thair intae the wan bit o the graveyard: ma sister, ma grannie an ma uncles. They aa hed white crosses wae thir name, age an dates on them.[13] Ah mind o auld Donald Reid's funeral fer his ain powny an float taen him tae the grave. It wes ma uncle Sandy led the powny down much the same as a gun-cairrage cairt taen sodgers when they wir gettin buriet. They come doon fae Stra'braan. Ah mind the coffin wes draped in broon paper an hit wes jest pitten level ontae the tap o the float. Ma fether, Sandy, Andrew, ma grannie an both sides o McKenzies wir aa at that burial. Johnstones wir at it tae, an the minister. Ma uncle come ower in the moarnin an tellt us ma granfether hed died in the tent.[14] We wir campit up at a place they caa Guay, in a fermer's field cos ma fether wes workin up thair fer a whiley. Nurses an doctors wir at him [Old Donald] fer he went awfie bad. But he died in the tent an it wes ma fether that washed him an dressed him. Then they got him coffin'd. Ma uncles an that dednae like tae dae that ontae the corpse an Ah mind they aa got drunk that night. He wes a day in the camp an then they taen him doon an buried him.

Thirs a cairn on the spot whaur he died.[15] Ah wesnae very auld at that time. The aulder men helpit me pit mair stones on it but Ah wes the wan that started the cairn. Jest at the bit whaur his tent wes. Ye see, years efter ye could come an see the same cairn an it gien ye a kind o inclination tae think aboot him. Efter that they sellt the powny an that

4

in Blairgowrie an the tent wes burnt. If oniebuddie dies wi us we dinnae cairry the stuff. We burn it up, bar rings an things. An if a man plays the pipes they usetae bury his pipes wae him — in the coffin aneth the lid — even a walkin stick or staff. If they hed a notion o that staff or pipes, they got them buried wae them.[16] Aye, they hed some gey queer weys at that days — the tinkers. But yil no see much o that noo.

Ma fether usetae thin turnips an shawed them an gaun tae the berries an whit ye caa the flak-pullin. Ye done hit by the acre. It come up ower yer heid an ye couldnae see yirsel intae hit. We usetae like it when ma father wes workin intae it fer we could roll intae it fer fun. They made some money at the flak [flax ], so they did. Flak wes the best job aboot them aa.[17] We done it roon by Forfar, Kirriemuir, Laurencekirk tae — an roon by Blairgowrie ye got the flak-pullin. He could dae wuidwork; cut trees an saw them along wae anether yin. At that time it wes the haund cross-cut, no thae power saws. An they hed jobs peelin trees at that days. Ma fether got aa thae jobs. He workit in wuids in Glenshee, Glenisla, an he workit awaa doon the country an up at Pitlochry wey, an awaa by Rannoch, Loch Tayside an aa thae places. Ye got wuids wi dangerous craigs whaur springs an burns wes comin doon an ye hed tae watch fer the trees made aff when they wes peeled, wae the sap that wes ontae them. Fer trees that wes kind o dry ye hed a wee spade like a rabbit-catcher's spade but she wes made fer the tree. The peeler wes made like a file or flat iron, wae a wooden heft on it. The front o hit wes like a chisel but very sharp tae. Ye got so much a tree at that time — if ye wir peelin them. When Ah wes wee he usetae be daen that, but he wid be daen that afore Ah wes born cos he told me he wes daen thir things wae his own people.[18]

Ma fether merried ma mither aboot the time o the Great War cos Ah'll tell ye hoo Ah know. When he went up tae ma mither in Dunkel he hed the kilt an the pack an rifle.[19] He deserted at that time ye see. He wes absent fae France an at that time they could shoot ye for it. But when he went back he got a sportsman's chance. His officers an colonels spoke an got him off. If ye ran away fae France at that time ye could be tied haund an fit tae a gun fer seven days an when the seven days wes up they could shoot ye. They got him lowse an he got a sportsman's chance tae go through a bombin raid at nicht wae mair, an bomb oot aa the Germans in the trenches. Him an a sairgint wes pitten in front o the rest o the men. They bombed the Germans oot o this place an ma father got off wi hit. When he come back tae merry ma mither that wes when he missed gaun back. He got a pass tae come back an he missed the day. He flung the kilt, the bayonet, rifle an everything intae the Braan water fer tae get it oot o the road. This wes oot near Inver. Gow's people usetae play the fiddle oot yonder an some o the laddies went tae school wae me.[20]

Ma fether's fether Hugh Stewart belonged the Brechin side. Efter he left the Boer War he got a job workin at Edzell but he could dae lots o things that we done. Ah cannae mind o seein him fer he wes deid afore Ah could see him. He workit at a job at the aerodrome place. Its oot a road they caa the Lang Straucht an thirs trees grows on every side. Ah think he wes buildin things thair an he got killed in that place wae some o the works. It wes a dangerous kind o job they wir at. Ah dennae ken whit regiment ma granfether wes intae in the meelitry but they wid hae kilts an bayonets tae. Hit wes the Boers that they wir fightin.

Abeen Dunkel we bud at a place they caa Haughend Ferm. The camp wes intae a great big beech wuid an thir wir hooses aneth. Craighaa [Craig] ye caa the name o the wuid Ah think.[21] When ye went up a bit, a road went wan wey tae Blairgowrie, an anether road went awaa up an a bridle pad taen ye tae the Loch o Butterstoon [Butterstone]. Fer a time ma fether wes workin at Haughend at the milk or somethin.[22] Though Ah wesnae much size Ah mind the servant o the hoose hed a pair o shin made oot o snake's skin. They wir silver wae bonnie merks like wee ferrules ontae them. She tellt me whit they wir — snake's skin! We bided on the Dunkel side at yin time but we shifted ower the brig tae the ither village an thons Burnim [Birnam]. We campit fer winters thonder, oot at the end o Burnim. Thir usetae be a gasworks doon on the laich side o the road an thir wes a big hoose at the roadside. Well thir wes a railway erch up yonder intae the wuid. We usetae bide up through yonder, in spruce trees.[23] The camp wes intae a wuid, a big wuid. The train usetae pass wir camp an they usetae fling dunts o coal tae us aff the engine. We usetae get coal in the station sometimes. Oh, he wesnae a bad boy in the station. It wes Rose Butter [R. S. Butter] they caad him.[24]

If we went tae the station wae a cairt or a barrae, ye got pit intae the yaird yirsel an ye could fill yer barrae full o coal fer a bob, sixpence, or ninepence. It wes damn little much money in that days. Ye could tak as much as ye liked. He hed lowse hay an ye got tae bigg on the hay fer yir ain powny. Coarn wes the same wi him fer he wes a nice man that lookit efter the place. Ye see, the coal lorries come fae the station up at Burnim an they hed heaps an heaps o hay thair. They used it fer the big workin horses that pullt the coal-lorries an in that day they had a lot o wuid-work horses fer pullin the wuid-boaggies. Well they kept hay fer aa that — coarn an aa.

Burnim Hill wes jest abeen the camp an a pad taen ye ower tae the station. In the winter time when we usetae camp aneth the spruce trees, we got wir water awaa up at a fountain. A path went up through the birk an bushes an this fountain fed the toon wae water. We usetae get wir water thair. Ah jest mind that the tent wes warm an well pitten up. It wes a big bough tent wae plenty o ribs intae it an heich. Ma fether wesnae very heich for he needit an oil tin tae staund ontae tae get the boughs tied at the tap, so yil ken the heich it come.[25] Ma mither got us blankets an sometimes, thae big motor-rugs. They wir tartan an Ah've seen her keepin twaa or three o thae. We hed big fires inside, that come oot this big stove thing we made an ye could hardly sit inside wae the heat o it. Yed hear aa the wind an snow batterin but you wir aaright. The stove wes jest an oil tin an they cut it — a round hole in the side an pit a vunnel intae hit. But at that time ye got better stuff. Ah tell ye whit they did mak them wi a lot — lang tins that wes used for hoddin that coarn beef stuff. Ye cut the bottoms oot an slippet the yin intae the ither. Ye ay got plenty o this bully-beef tins on a toon's dump. Butchers taen the meat oot o them an they flung them awaa. The tents we hed at that time wes better than the wans noo.

Thir wes Davie, a sister Martha, Donald, Willie an Mary — about five bairns at that days an ma mither an fether.[26] Then yins come doon fae ither camps away up near Guay an they usetae come an sit a good while in the winter fer company. Ah've seen them aa come doon thegether fer tae pass nichts awaa. At that days thir wes things we dednae hae sae much o. Fer tae keep us in enjoyment we hed an auld gramiephone — wan o thae auld-fashint yins that ye got wi horns. Ye windet them up wi the record on an ye got guid auld-fashint tunes aff them. We liket that days cos we wirnae wearied. Its mair wearisome noo since these new things come on. Then fer enjoyment we micht bleggart roon aboot, an if it wesnae that, thir wid be someone blawn on the pipes. Then thir usetae be bairns fae the toon kent us, an we went oot if it wes snaw or big storms — sledgin wae them. Thir wes a brae come doon fae the priest's hoose an hit wes on the road.[27] They let us play fer a while there, then the police pit us tae a field away ower the back near the river [Tay]. We usetae be sledgin all night an Ah've seen it moarnin afore we got hame: bairns, lassies an laddies aathegether bleggartin. Ah hednae a sledge at first but usetae get a len o the rest o the sledges. The priest lent me a sledge, then thir wes an auld man oot at the end o Torwood an he buildit me a sledge. MacKay ye caad him. He buildit it wi bolts an everything. It wes a big lang sledge an ye could flee doon wi hit. He made it wi two lang runners that he turned up at the front, like thon steel rods ye see on a stair gaun up intae hooses. Whit a sledge it wes! Ye widna feel it gaun.

The auld yins an young ains made weys at that time tae pass the days. Mebbe when they got drunk yed hear them singin a song tae yin anither. At nichts, the yins that come tae see us made a bed up in the coarner — we gien them things an they slept in a coarner o the tent. Sometimes they used this auld gramiephone, sang tae yin anither, tell stories an pass the nicht that way — or anither yin wid hae a tune on

7

the pipes an anither yin hae a tune on the pipes . . . Ah've seen us on winter nichts in this place an us up tae moarnin near, an never feelt the nicht passin: big fires wae plenty o sticks an things, coal — the big tin wis ay ridd [red-hot]! Ach, ye wir aaricht, an supposin it wis snow or oniething, ye didnae feel it.

Thir wir a lot o stories wae the auld boys at that days an they never hed nae readin wae the stories, but ye got some good interestin stories aboot things years ago. They hed stories aboot even the Devil, even fishermen and Irishmen that wir fishin in boats. Yin [of the Irish fishermen] hed tae stay an mak the denner tae let the ithers fish ootside. Noo thir wes a wee hole in the grun and whenever the denner wes ready, this wee man jumpit up wae a baird — he'd a wee flunkie baird an he said tae the fisherman, 'Is that near ready yet?'. 'Oh', says the fisherman, 'it ull no be lang. If ye come up Ah'll gie ye a wee taste'. Ah, but when he come up, he says 'Ah'm no wantin a taste, Ah want the bluidy lot!'. An he done that tae twaa or three o them.

The King o The Lower World ye caad him an he wes supposetae be nae size, like a fairy aboot the size o yer thumb an he hed ayways the baird. The man that wes makin the denner got half-killed an the dinner wes aten up. Whenever that denner wes ready, he kent the time an he wid come up. A new fisher wed go on the next day an it wes the same wi him. The next yin — it wes the same wae him. They wir lyin half-killed an nae denner. So this last ain says, 'Ah'll sit the day an it ull be queer the day if thirs nae denner'. But the last fisherman he got; he gien him a dig in the face an he went down the hole an never come back up.

An they lowered yin anither doon tae see whaur the man wes. The last man, he went doon an the rest lowered him. He wes intae some kind o undergrun world that he dednae ken whit he wes intae. He went away doon aneth the grun an come intae places like parliaments an things like castles on the inside. This man, he got an awfie load o jewells an taen them back up. The first stuff up that they got, jewells an things, they taen — but they widnae let the rope doon fer this ither mate.

So he hed back through this place tae gaun roond, an he met a lady. Says the lady, 'Here's a ring fer ye, an whenever that ring tichtens, ask what ye want tae be — what ye'd like tae dae — or what ye want'. An he fund the ring tichtenin as the lady left him. He said, 'Ah'd like tae be at the top o The Lower World again'. No quicker said than he lookit an he wes taen richt up tae the tap. An he never feelt himsel gaun up tae the tap o this hole. So he got back tae the same place but the rest o the fishers wes away — they'd scattered. So he met them a while efter that an he'd plenty o money. He got plenty o things doon intae this [Lower World] an he sellt them tae jewellers intae London an a lot o ither stuff

8

that he got in the Lower World. Thir wir diamonds an everything. This wis the last fisherman that they'd left in the dirt. When they let the rope doon, they never taen him up again an it wes too faur doon fer him tae climbit up. He'd tae keep doon thair until such time as he got the lady wi the ring. But the rest that got the first stuff, they sellt hit but they hed nothin oot o their money, an when he got them he says, 'Oh, ye got up Jock'. 'Aye', he says, 'Ah got up but it wesnae fer the help o you when ye left me doon in the hole'. 'What did ye get doon in the Lower World?' 'As much as Ah pit up tae you, an you left me doon wi it when Ah put the rest o the stuff up tae the tap. Ah've got as much noo, but nothin fer you!'

So this ains gaun like a toff noo, ye ken, he's bothert bae nothin — gaun roond an buyin big properties.[28]

Ma fether an lots o auld yins said that ever since this last world come on, the Devil wes traivellin through this country. Some o them said the end o the first world, but Ah wid think it wid be aboot the time this last world come on. Ye see, the end o the first world wes floodit. They micht o been gaun through afore this floods but Ah ken efter it, the Devil wes gaun through this countries. Ma fether said he went through the country at wan time an he never did oniebuddie onie good. He wid come tae a house an mebbe steal wumen an dochters, punish them an torture them by pitten things o boilin leid in thir haund. Thats the wey he workit. He could mak himsel a well-enough lookin man or the ugliest man in the world. The only thing it wes kind o bad fer him tae dae wes hide his cloven fit. He hed a fit jest like a sheep's fit an he couldnae hide that. An thir wir things caad Devil's Umps. They wir as bad as the Devil an wir like a fairy tae look at, but they wirnae as bonny as a fairy. He hed thoosans an thoosans efter him an they could enchant you until aa them come on ye. It wed be a race oot o the Devil some wey — a race o the Devil's folk.

As bairns, we wir tellt by aulder yins that wild men aboot the hills wid get a haud o us. Hit wes tae keep us fae makkin rows or fae runnin away fae the camp. They wid tell us thir wes somethin doon in the rivers an it wid catch haud o us, or the Hairy Men wid get a haud o us. It wes tae frichten us an keep us awaa fae dangerous bits. When we come on, we nivver heedit them fer we kent they wir daen it fer tricks. The Braan Water, hit's like a river an thirs whit they caa a hermantide hoose. A man usetae be thair years an centuries but thirs no mauny minds o it. His hoose was a hermantide [hermitage] an hit sits on a rock. At that day, he could jump fae the one side tae the ither wi a step. A Hairy Man they caad him. He wes all hair. Now, he wesnae the only yin. Thir wes a lot o thae men at that days. If ye pullt through books that ye get, I think ye could get them. He's naked! Nae claes on him —

an they wir big powerful men but they wid touch nobody. They just bud in this hermantide hoose.[29]

Noo thir wes anether yin up at Kenmore, away at a place they caa Acharn. Hit's all thackit wi heather an leid. Hit sits jest on the mooth o a rock an he's steppin stanes fer gettin ower. Now thir wir a lot o thae men intae parts o the countries an they wir what they caad the Hairy Men, an the hermantide they caad thair hoose. Every wan had a hoose buildit on a rock made somethin like a gate-lodge but aulder-fashint lookin.

We usetae get up tae a lot o devilment when we wir wee. We usetae fire stanes at beasts wae catapults. Efter we come a bit aulder we stoppit that but Ah mind we usetae get papers an strong black thread, an when we got cats in-aboot, we tied the papers tae thir tails same as ye wir pittin a kite oot. When they lookit back at these papers, they wid mak themsels intae awfie shapes an forms, twistin an humpin thir backs wae aggravation. Thir wes an auld wumin wae a hump on her back an ma mither usetae gan up tae her often. This time she brung her a lookin-gless, a square yin fer a room. Ah wesnae very big but Ah wes ill-tricket.

This auld wumin taen ma mither intae the hoose an me wae her. A big tom-cat wes sittin at the fire — purrr. Thir wes a red hot poker an the auld wumin wes crackin ontae ma mither aboot this lookin-gless. They wir busy an no payin attention tae me. Ah got the cat by the tail an wae this poker — phzzzz, up its erse! It struck ma mither in the face, jumpit aff an knockit the auld wumin doon. Ah ran doon the road fer ma life. Ma fether said, 'By God yev come very quick, whits the dae wi you?' Says I, 'A cat chased me'. Ma mither come doon the road an ma fether says, 'By God he come doon . . . the cat gien him a chase'. 'Cat gien *him* a chase!' she said. 'The auld wumin taen a fit wae the fricht o the cat. He pit a red poker richt up its inside'. But the auld wumin never taen a fit. She wes jest sayin that. Ah wes jest nae size, ye ken.

Thir wes anither we done wi cockle shells. It wes ma fether tellt me aboot this trick. Ye get whit ye caa boiled roset an we hed a lot o that stuff. Ma fether usetae keep it fer makkin lingan oot o cord. When ye run cord through this roset, the cord got as strong that he could near tie a horse wi hit. Ma fether usetae tie the drones o his pipes wae hit. They usetae keep this lingan in cobblers' shops for shoein. So, we got wir ain cat an ma fether pit the roset intae cockle shells an pit them on the cat's feet. Ye heard the feet rappit as it wes gaun. It wid lift the feet in the air an went cleekity-cleek cleekity-cleek doon the road. Well, we got the fashion o that an usetae cairry the cockle shells fer the hoose yins [cats]. We got them tae come in close wae a bit breid or a piece, an we got the cockle shells aa stickin tae thir feet. Ye wid see them run intae the

10

hooses, 'cleekity-cleek cleekity-cleek'. An we usetae get big paper pokes an pull this pokes ower the heids o the cats. They wid be tryin every trick on the road tae get it aff. We usetae get right laughs at it.

## NOTES

1 Rabbit skins were just one of the commodities which tinkers collected on their rounds. Others included horse hair, rags, bones, old clay pipes and empty snuff boxes. Before 1914 there was little value in rabbit skins, but their price rose dramatically with the outbreak of the Great War. They were for many years collected by various itinerants who would either barter for them or offer country people a flat rate per skin. Gamekeepers supplemented their income by the sale of pelts to furriers in the south. Certain gypsies had their own processes for rabbit skins, involving the use of alum powder and oak bark. There is some evidence that hawkers had a trading relationship with the owners of small china shops who supplied things like delf dishes in exchange for rags and rabbit skins. Most tramps and tinkers appear to have sold the skins to the local agents of furriers.

2 Confirmed by the marriage entry for Sandy's parents: 'Martha Reid . . . daughter of Donald Reid, Hawker, and Jean McKenzie, Hawker' (10 August 1918).

3 Dalmarnock Farm near Easter Dalguise. At first I thought the name Donaldoo was some obscure byname, but I later found it to be Sandy's way of saying Donald Dow, the farmer at Dalmarnock.

4 Sandy (Alexander) Reid served during the Great War with the Royal Scots and was one of the sons of the well-known tinsmith, Old Donald Reid, and Jean Reid (née McKenzie). In early 1984 I managed to trace Sandy Reid's son Alexander, who at that time was living in a council house in Alloa. Sadly, Alexander Reid died the following year. He did confirm that his father had first married a gamekeeper's daughter, Janet Kennedy. After her death, Sandy's uncle married in December 1932, a second wife, Martha Johnstone, daughter of Alexander Johnstone, tinsmith, and Catherine Johnstone (née White). Uncle Sandy signed the marriage certificate by 'his usual mark' and there were three witnesses which was slightly unusual, the acting best man being the Registrar, Arthur J. Harris. I am grateful to the present Dunkeld Registrar, Mrs J. Fraser-Hopewell, for tracking down the marriage details (*Register of Marriages*, Dunkeld and Birnam (32), 5).

A local newspaper gave the marriage a fair amount of coverage and included a photograph of all the parties. It referred to the groom forgetting the ring and the absence of both sets of parents, the wedding having taken place in the Little Dunkeld manse. It was, however, fairly common for travellers to adopt the elopement style of marriage without parental knowledge or consent: see Rehfisch, 'Marriage . . . among the Scottish Tinkers', p.131. Sandy's uncle was also designated as an 'agricultural labourer' at this time, and the address of the parties was given as Lochgreen (also known as Frankley Lodge — see note 23) — a known stopping-place that was close to the railway line on the southern outskirts of Birnam.

11

5 See note 19, Chapter II.

6 Traveller smiths formerly made their own rivets from waste bits of tin — 'blackened' tin. Donald MacDougall of Struan, near Sollas, on the north coast of North Uist, recollected that his blacksmith grandfather made anvils for the tinkers or *Ceardan* as they were called in Gaelic.

> 'These anvils had a long spike and were shaped like a letter T. Near the pointed end were four or five grooves across the iron so that they could make different sizes of turning for the tin. They were very particular about the anvil and used to pay my grandfather in kind.'
> (Noted from Donald MacDougall by Roger Leitch at Struan on 22 September 1984.)

7 Sheet tin was purchased by the box or half-box from hardware stores. At Wick, a party of cave-dwelling tinkers was forced to evacuate their abode due to rats, their sole possessions being tools and sheets of tin (*Caithness Courier*, 11 June 1865). A Blairgowrie court-case in 1887 involved the theft of three dozen sheets of tin from the pack of a John White, tinker (*Blairgowrie Advertiser*, 29 October 1887, p.7 col.3).

8 See G. Gmelch and B. Kroup, eds., *To Shorten The Road* (Dublin, 1978), p.23.

9 There were at one stage three unmarried sisters and a brother who were first cousins of Jo Grimond's grandfather. Their home, Oakbank, was about a mile up the River Ericht on the north side of Blairgowrie. In the words of Jo Grimond, it 'was almost impossible to reach by car as the little gravel sweep in front, originally only intended for dog-carts, was overgrown by trees which no one was allowed to cut. In this jungle lurked tramps and tinkers who came from far and near to collect 2/6 or 5/-.' (*Memoirs* (London, 1979), p.62.)

10 There is an excellent example of tinker-made skivvers in the Highland Folk Museum, Kingussie. Kilt pins were sometimes used for the same purpose. Beatrix Potter noted, 'I remember hearing old Dr Irving tell, when I was a child, that he had introduced safety pins to the civilised world. He saw a gypsy wife with her plaid fastened with an odd twist of wire, and thinking it ingenious, took it as a pattern to the Museum in Dunkeld.' (*The Journal of Beatrix Potter, from 1881 to 1897*, transcr. by Leslie Linder (London, 1966), p.288.)

11 Sometimes referred to as a 'bucklin-sheet'.

12 River Street is situated at the foot of the town where most of the mill workers lived. The majority of the older buildings were demolished in the 1960s.

13 Donald Reid was buried in Little Dunkeld kirkyard, on the opposite side of the River Tay from Dunkeld. Here, a part of the old graveyard (to the east of the church) was formerly reserved for traveller burials. Donald Reid's burial is still recalled by some of the older people, native to the Birnam and Dunkeld area.

> 'There wes a wee white cross they put up for him but thats long syne down. Mrs Gillies of the Birnam Hotel was very, very good to them and she gave them flowers to put on the grave. But they had a nice big shell — a pink colour inside — and that was put there. For

several years after they always came and added little shells to the grave.' (Mrs Betty Lowe recorded by Helen Jackson at Dunkeld in December 1983.)

14 Donald Reid died at 1 a.m. on 17 October 1926 in Ladywell Woods, according to his death certificate which designated him as 'Tinsmith'. In the summer of 1985 I met by chance a retired farm worker who gave me this description:

'The day Auld Reid died, Ah wis gaun fae Kennacoil doon tae Dunkeld. They wir campit afore ye come tae Ladywell. Ah mind o Sandy Reid [Sandy Stewart's uncle] comin oot an tellin me. He wis a gallous ain o the sons — that Ah mind — an he shouted tae me: "The auld man's slipped awa; he's lyin at the back o the dyke thair." When Ah wis at the school at Amulree, the Reids ay come tae Glen Quaich an Ballinreigh — they campit thair'. (Recorded from Charlie Nicoll, b.1902, by Roger Leitch at Muthill, Perthshire, on 23 June 1985.)

Sandy's description of his grandfather's funeral is remarkably accurate, bar the small oversight that it was a donkey and not a pony which pulled the float. One child witness at the scene recalled the loud and emotional expressions of grief as having a tremendous impact on her. The *Perthshire Advertiser* reported the death and funeral in some detail, referring to the coffin being covered with brown paper (20 October 1927, p.5 col.2). The illustration in this book of the burial scene is reproduced from an old print, salvaged from a skip.

15 'Where Old Donald died thir was a cairn put; not a big one, but I can remember going to it. I could go to it today but its all been changed by hawkers living up there now. They had this wee cairn and once the old grannie cleared out, they never came back to the same place.' (Mrs Betty Lowe, as for note 13.)

Once a traveller death occurs at a camp, it appears that relatives will avoid camping at that spot.

16 Donald Reid was buried with his favourite walking stick. By comparison, articles placed in gypsy coffins have included 'such things as a knife and fork, a drinking-tankard, the dead man's pipe, sometimes his fiddle, a set of harness and a handful of corn, and so forth.' (Stewart F. Sanderson, 'Gypsy Funeral Customs', *Folklore*, 80 (Autumn 1969), 185.)

17 See Betsy Whyte, *The Yellow on the Broom* (Edinburgh, 1979; London, 1986), pp.103-4.

18 According to the late Alexander Reid, Sandy's father was 'a fully skilled man at the woodwork'.

19 David Stewart was a private in the Machine Gun Corps. (Information from the Register of Marriages, 10 August 1918.)

20 Neil Gow (1727-1807) was born at Inver in Perthshire.

21 Until about 1927, tinkers camped at the foot of Craig Wood opposite the junction of Haughend Farm road. (Information noted from the late Hugh Sim, 1912-87, by Roger Leitch at Birnam.)

22 An entry in the *Register of Dunkeld School* (pre-1927) gives Sandy's then address as 'Haugh End Farm', Dunkeld. The farmer at Haughend, Mr

John MacLagan, undertook dairying and was remembered for his kind consideration towards the travelling folk.

23 The railway arch and nearby spruce trees are still to be seen at the foot of Birnam Hill on the outskirts of the village. The gasworks building was demolished in 1962, and the 'big hoose' was Frankley Lodge, now known as Ballincrieff.

24 During the 1920s, Ralph S. Butter operated as a commission agent in the old Dunkeld Station yard at Birnam. He dealt in feeding stuffs, fertilizers and, as a sideline, coal. (Information from Miss Elizabeth Sinclair, Birnam.)

25 Known as 'Dytes', David Stewart was a short stockily built man. On one occasion when he was under the influence at Blair Atholl Highland Games, no fewer than six hefty police officers struggled to take him into custody.

26 Mary Stewart was born on 19 June 1923 in a shed at Dalguise; outbuildings were often put at the disposal of traveller women who were expecting a child.

27 Fr. Fairlie would have been the priest. He occupied a house called Merlewood, before moving to a villa known as Birchwood at the top of St Mary's Brae, Birnam.

28 This story, which Sandy rescued from his memory, contains elements found in the Märchen type of folk-tale. An ordinary human being enters a supernatural 'lower world' in this case. It follows an act of betrayal and involves a magical return and ascent to riches, whereby good is seen to triumph over evil. It appears to be a variant of AT 301 and includes the following motifs: journey to lower world (F80); entrance through a hole to lower world (F92); variant of (K963) where a rope is cut and victim dropped; magic object affords miraculous journey — in this case a ring allows the escape (D1520); jewels in other world (F166.1).

29 Sandy's first mentioned 'hermantide hoose' is The Hermitage at Inver, an eighteenth-century folly which was rebuilt after being blown up by persons unknown in 1896. Hairy man is connected by him with the 'herman' element of 'hermantide'. There is a motif in 'jumping across a river in one bound' — AT H1149.10. The basis of this anecdote appears to be drawn from a local story connected with the origin of Athole Brose. This features a half-naked robber known locally as Ruairidh Mor who stalked the woods around Dunkeld, until he was captured by being drugged with the whisky liqueur. (Katherine M. Briggs, *A Dictionary of British Folk-Tales* (London, 1971), p.135.) Cf. 'The Wild Man of Dunkeld' in *Tocher*, 21, 183. This version of the story was recorded by Maurice Fleming from Mrs Bella Higgins, a traveller who was living in Torwood during the 1950s. It is of interest here because the wild man was imprisoned in a hermitage, corresponding with an ancient legend about the use of such places (Stith Thompson motif K776). According to tradition the fettering of the half-naked man of the woods is said to have inspired the armorial bearings used by the family of Murray/ Atholl.

   *Ciuthach* found in Gaelic folk-tales were naked wild men who lived in caves. (J. F. Campbell, *Popular Tales of the West Highlands*, 4 vols (Edinburgh, 1860-62; Paisley, 1890-93), III, 65.)

## Chapter 2
# The Auld Bounds

*Gaun tae school; smitten wae mumps; skulls examined; they didna lea ye oot; places intae Burnim; flooded oot at Logierait; as big a gales as ever; the trees fell aboot wir camp; navvies on the road; any old bits o hard cheese; Muirs o Rannoch station; the Maglins; boxes o kippers; at the hervest; gettin a skipper; lamps that went wae penny caunnles; awaa up Lintrathen an aa thae places; the Rattlin Coffin camp; Burkers went roond this country; thir machine sqeakit on the auld roads.*

Ah can mind even o when Ah wes gaun tae school fae the camp. The first yin [school] Ah wes intae wes an auld yin at Atholl Street, Dunkel. They made it the Headquarters for the Scottish Horse [Regiment] efter the school wes ower.[1] Then Ah come tae yin at Torwood, oot at Burnim yonder — jest beside the gasworks. The Burnim auld yin wes made intae a hostel an they buildit a new ain atween Dunkel an Burnim. Hit done fer the twaa sides then.[2] Ma fether wed leave back mair years an say we wir no fit fer the school. Ye could tak a year or twaa aff when ye should o went tae the school. If oniebodie come tae ask why ye wir no gaun tae the school — 'Ah weel, he hes a wee while tae gaun yet'. Well ye could leave back that way ye see. They didnae say nothin if ye tellt them that, but when ye come up a bit, ye hed tae go tae school cos the auld yins could o been fined fer it. Then when ye did start the school in Dunkel thir wes a janitor come if ye wir absent an he wed come tae see whit wes the dae wae ye. Ye wir excused if thir wes somethin the dae wae ye. Ah can mind o bein smitten wae the mumps intae the Burnim auld school.[3]

The first day Ah went tae the school yed nothin much tae dae. Ye got books tae look at an a thing tae write on like a blackbourd. The like o thae yins that come first, they nivver heedit what they done. They could mak onie scribbles jest tae keep them sittin. When they got mair age they teached them mair. Miss Begg wes ma first teacher in the auld school and she come fae Banff way. She wes aboot the heicht o me noo, but she wes stoot an hed glesses.[4] It wes a wee classroom at that time, but it wes a big enough school, an thir wir places upstairs in hit. Mair could get ben on the ither side an thir wes a good lot o bairns intae hit. Then the school maister up the tap, Mr Crombie they caad him.[5] He

15

wes in the tap fer biggish laddies an then thir wes ither teachers intae another bit, ben fae him again.

We mixed up aathegither an played wae yin anither. We wir in wae the bairns o the school. There wes anither tinker bairn richt enough but he shifted away tae Blairgowrie. Higgins ye caad him an he hed a place in Torwood a while. [His fether] hed a motor lorrie an usetae gether scrap — Hughie Higgins. He got his fingers aff in the war Ah think. Ah think the boy was caad efter his fether.[6] The auld school wesnae real finished when Ah left it but we shifted ower tae Burnim an went tae that school intae Torwood. The teacher that teached hus in hit wes Miss Gibb. She usetae bide at the back door o J. D. Reid's shop, an Miss Stewart, she usetae bide there.[7] The same boy o the shop got merried tae Miss Gibb. An thir wir lots come tae Perth tae teach thair but this yins bud in the toon. Thir wes a Miss Munro.

But this auld school wes as ye come oot fae Burnim an thir wes a green den yonder. Well, ye passed hit an thir usetae be a joiner's shoap at the side, an ye come tae twaa or three hooses; ye wid look ower at the side atween the joiner's place an the green, an yed see the old school wi the playgrun. It wes an old stone-made yin. That wes the school we went tae then.[8] Ah can mind the way we dressed when we went tae the school fer sometimes we hed a new suit. When we come hame we changed claes at nichts when we wir bleggartin aboot rubbish an things. We got wirsels washed up an sorted in the moarnin, then away tae school. Ma mither hed lots o claes intae boxes an things, an she kept them back fer us if we made an awfie mess o wirsels. People that kent her usetae gie her big loads o claes, some better than those ye bocht! When we wir intae Burnim, as lang as yer claes wir clean on the inside they wirnae particular. Thir usetae be a nurse went aa ower yer heid. The nurse was ginger-heidit an she bud intae Dunkel.[9] Then thir wes mair come fae Perth an they examined every skull near. Ye wir taen intae a room an aa yer heid wes lookit; yer claes wes lookit — that wes in the new school they done it. They done it in the auld yin tae but they nivver hardly bothered me fer that. Thats the wey they got ye, an no only me but the rest o the bairns that bud in the toon. They lookit ower every yin that wes thair.

The bairns wes richt enough wae me. We jest bleggard taegether. Thir usetae be a shop at the brig yonder an we'd gaun an get the sweeties an half them wae yin anither. They didnae mind that Ah wes a tinker. Mebbe the odd stranger that come in an dednae ken us micht get a bit rough, but then we micht get a bit rough wae them an they cooled doon. If a drove o them come in that ye never seen, then the ither laddies o the place wid tak yer side. They didnae lea ye oot. Me an the ither laddies usetae dae a lot o devilment. If we seen a puckle hens we stoned them fer fun. We usetae mak four-wheel boaggies fer braes

16

wi pramwheels an a long bourd. Then ye could get a box on the back, nailed fer sittin on. Ye could go doon the brae an guide them wi yer feet an a bit rope. Some exles ye got hed a hole dreelt in them an ye could pit a bolt through fer the bourd in the front. If ye didnae hae a hole, onie smith wid dae it fer ye fer nothin. It wesnae easy fer us dreelin irun but the smith hed a steam thing an could dae it in a minute. He gied ye a bolt tae. We usetae get lots o wheels an thir wir places intae Burnim whaur Ah've seen them gien us whole prambulators sometimes.

Thir wir smiths in Burnim an thir wes a seddlers. The seddler's hoose wes doon aneth the War Memorial. Dr Mather's hoose wes at the side an thir wir thae big walnut trees along the hedge. We usetae wallop them doon wi sticks when we wir at the school but ye could never get the same as the shoap yins fer thae wir aye green an wild-taistit. We usetae knock them an chessnuts doon. Ah've seen us knockin them doon fer a whole day an playin conkers. An we usetae play kites an jumpin ower rope tae see how high we could jump. Mair boys usetae come an we usetae aa hae a go at it apiece. Then, when we wir youngur Ah've seen ma fether build us swings fae the tree whaur a big brench come oot. We usetae swing on hit wi a bourd an pass the days that way. Then we made swing-boats wae a great big box an four ropes. Ye could pull yirsel up an doon wi hit. Oh we made some good invenshuns. We usetae get a lot o toys up in Dunkel an Burnim at that time. Thir wes a chemist man an he usetae hae a hoose jest at the church yonder, whaur the rest o ma people is buriet.[10] Everytime we come hame fae school we got boxes o aa kinds o toys: motors, railway trains, big wooden horses — all fae this chemist man. When he bocht the new toys we got the rest that the bairns hed.

We usetae get lots o Christmas presents fae people roon aboot the place whaur we wir. We usetae get cakes, sweeties an lots o stuff. At the school a Christmas tree come an we got a lot o guid toys aff it but it come that ye hed tae go tae Perth fer hit. Ye got a line an ye went doon tae St. John's Church, hed a good nicht thair an come back up again. When we wir wearied up thair we wir gled tae get doon tae the toon. Ah seen us at Hogmanay at that time, us an a lot o bairns fae the toon, an we usetae run awaa oot guisin. We got lots o pennies an sweeties that nicht by pittin auld wumens frocks on an wir faces black. Ye hed a good time o it at that day. Better than what yer haen noo! Ye wisnae wearied an hed ay plenty o company. But noo when yir sittin yirsel at the camp ye get wearied tae death.

Yince we wir flooded oot at a place they caa Logierait. Thirs a commontry thair an the Tay Water went right doon past it. Well we wir campit a good bit aff it, and the whole Tay come oot aboot us! It wes the biggest floods ever Ah saw aboot Perthshire at that time. Ah wesnae very auld, aboot six or seven year auld. The whole Tay come

17

oot! Thir wir coup cairts went doon wi the water, thir wes cattle gaun doon an sheep gaun doon. Ah dinnae ken if horses wid o been gaun doon intae hit but thir wes coup cairts an all the machinery gaun doon. It wes some floods an the water come awaa oot ontae this commontry we wir stayin on.[11] But fer the gales — as big a gales as ever I seen . . . Ah wes stayin at Burnim at the time. Thir wes trees fell on the railway an thir wes hooses' slates, chimley pots an everything faain doon wi hit. We wir campit intae a wuid an the trees wes jest faain right roon aboot us. It wes God saved us. We went away doon tae a field at the back o the War Memorial an left the tent sittin. We jest taen things tae hap us an taen a big fire-tin full o coal an we hed tae mak tae hit cos it wes a clear field ye see. This ither wuid glanced the wind aff us. But the wuid we wir in; the trees wes faain all aboot us. The railway wes aa blockit an ma fether hed tae run through the nicht an report the station aboot the trains fer the trees wes jest lyin on the railway.[12]

Aboot this time thir wes a big job up at Rannoch. Ah think it wes a water scheme wi the Grampian Electrics.[13] It wes a long job an they wes cablin some kind o things through the hills. All this men usetae go up tae this job an thir wir big lang huts an canteens fer them thair. They wid lea aa pairts o the country an go up thair fer a job, an when they got a job, they got huts tae bide in. Thir wir raws o huts fur thir wir loads o thae boys. It wes gey rough on a Friday when they got drunk in aboot the toon. The police couldnae dae much wae them up at Kinloch Rannoch. Ye see, when we wir campit they passed us. Thir main drag wes up the Great North Road an they went up tae Rannoch by Dunkel, Ballinluig, Doolay [Dowally] an aa thae places. They wir aaricht when they wir sober but when they got drunk they focht amangst thirsels an wid think nothin o breakin the doors o folks' hooses. It wes jest when they got drunk, cos they wir gettin mair money at that time than whatever they got, an they wir splashin it oot on the drink, richt heavy.

Afore they got thae jobs they slept here an there. Then efter they left the job it wes jest back the same way on the road. They slept in thair auld tap coat an went aneth bridges like road-bridges, in the woods o Dunkel an up yonder. Ye got Irish, Scots, an ye got foreign yins; some mebbe like a spy, ye ken, but naebuddie bothert them.[14] Wae so mauny tramps, they never bothert if they wir spies or what they wir. They wir wild lookin an hed they come intae a waste-bit, they wid o gien auld folk a bit fricht but they nivver touched naebuddie on the road. Ye could speak tae them on the road but some wir awfie dour an wed jest grunt back at ye. Ah wesnae weel acquaintit wae them but seen them passin an sittin wae fires. They wir navvies thae men but they wir in the wey o bucks. They hed a sling-poke on thir back wae thir rations an things. In the wuids gaun up by Guay, ye got them at stane depots fryin ham on the tap o a lid. It wes roon flet tins they usetae hae for this ham-cuttins, an they held thir tin abeen the fire. Some kept a pair o nippers fer hoddin thir tins an they usetae gan aneth road-bridges. Water usetae go doon through this road-bridges, doon fae the hills. They hed thir beds stoned up alangsides o the burn, same as ye wir makkin a wee stone dyke. The water nivver come up, fer they hed them heich. When they wir wantin a drink o water, they could lie on thir side an them lyin in thir bed. They could jest slach thir joug an them lyin in thir bed. They lay whaur the erch wes an it wes dry. They cut ferns an pit them doon ontae this level bit whaur they lay an they hed a fire ontae it.

Ah mind o it cos Ah wid be gaun tae school at that time, an tae the day yet, ye mebbe get some o them thair. Thir wes more at that time cos they wir comin thick tae get jobs. An thir usetae be twaa auld ladies that bud in a lodge intae this waste-bit an Ah think they belonged tae Edinburgh. They come in the summertime jist an they usetae tak food an pit it on tap o this bridge whaur the bucks come in — beef, tea an sugar, milk — an thae bucks kent this bridge an usetae come tae this bridge mair than onie bridge. It wes in the wuids o Dunkel atween a place they caa Guay an Dunkel on the Great North Road.[15] But thir wir some queer yins went up an doon. Ye got some wae mebbe wan leg in thir troosers; some wae a bit o a jaicket or a hauf-jaicket; ye got some wae a jaicket rippit an some wae yin coat abeen anither an torn coats abeen anither, wae BIG BERDS that come tae here [half way down their chest]! Oh some wild-lookin yins, ken — rough buggers! They wir steady on that road.

Anither thing the bucks could dae wes gaun tae the 'Kind Man' fer a line. Mr Harris wes the inspector an gien them a line fer ninepence fer tae get food at J. D. Reid's shop in Burnim. J. D. Reid would pick oot whit he could get fer them fer he kent they widnae get much fer ninepence. He usetae gie them bread, tea an sugar, a bit tabacca, ham or cheese. Tae be richt, Harris wes supposetae gie them mair, aboot ten shullins, but he only gien them a line fer ninepence.[16] Thir wes yin buck an Ah only seen him wance. He wes on the streets o Burnim an he sung fer meat this yin.

'Any kind of old bits of hard cheese, old jam, ham or sassages — wid ye please fling them tae a poor man on the street?'

An he sung this oot. They could hear him ahun the windaes an wir flingin things doon tae him.

'Any kind o old clothing, boots, jackets or ceps — wid ye please fling it tae a poor man on the street?'

He sung that as he went along.

19

At that time thir wir plenty o campin-gruns an in the summertime we usetae go aa roads an camp. We could camp aa roond fer days, mebbe weeks or fortnichts. We usetae gaun up past Logierait an mebbe go awaa up as faur as Rannoch or doon by Forfashire an mebbe intae Kincairdineshire. Ye could leave Ballinluig an the main road gaus up tae Inverness, but when ye come tae Ballinluig, ye could cross a water bridge an at the ither side thirs a rough side that ull tak ye up tae Blair Atholl. The [River] Tummel is atween ye then, fer hits a backroad, an ye keep this road an it ull tak ye richt up tae Rannoch. Its an auld-lookin road an nae sae busy as whit gaun up by Pitlochry is. We usetae get anither road fae Struan. Thir wes a bridge an a shoap, a good bit afore ye come tae Kinloch Rannoch, an thir wes woods. Ye left Struan an ye come ower a hill, awaa doon whaur thir wes an awfie lot o birk wuids an that. Then ye come intae auld Scotch fir. Afore ye come tae Kinloch Rannoch thir wes a road went doon, made like an avenue, but it wes fer crossin the river. Well, thir wes a wumin come oot there, an when ye come doon wae a horse an cairt ye hed tae pay fer crossin this bridge. It wes a river-bridge that taen ye across the Tummel.[17] Ye gien a hapenny an she met ye wae this little bowl when she heard the cairt comin ower. Thir wes a little toll at the end o the brig. Aulder yins that wes intae Rannoch tellt me that they could never mind if that bridge wes ever paid wae that hapenny. Since ever that bridge wes made, the hapenny wes tae help pay that bridge, but they didnae get much trade at that time. Mebbe the odd powny an cairt.

Thirs anether place Ah campit at — the Lucky Park. Thats awaa at the heid o Rannoch. Ye leave Kinloch Rannoch an go awaa tae the tap o the loch. Thirs twaa sides tae the loch; a rough side an a fine side. On the fine side ye come tae a little place they caa Keeliehouan [Killichonan]. When ye go up past hit again, ye come tae the tap an the Lucky Park. Hit wes a circle wi young Scotch fir roon aboot it. Whether hit wes caad by the tinkers the Lucky Park Ah dennae ken but that wes the name ever Ah heard. They usetae haud sports at it but the tinkers could camp wi horses, cairts or oniething they hed.[18] They held Hielan Gaitherins there tae. Ye come up a bit tae the station, the Muirs o Rannoch station. Hit wes the end o this wee bit auld road. The station wes up on the hill fer Ah've been up at that station. Ah lookit an could never see the railway comin tae't but Ah could see the railway leavin hit. It must o went through the muirs some wey. Ma fether an uncle got the folk in the Post Office tae order goods fae Charles Rattray, Glesgae: peens, laces, brooches, cheap rings, chains wi wee lockets, horn-hefted pocket-knives an gairden knives wi a crook on the front.[19] They taen a wuiden crate back tae the Lucky Park whaur they wes bidin an this wes fer the hawkin, ye see.

20

Thir usetae be a lot o the auld tinker folks went roond the glens an they sellt heather besoms an baskets, peens, laces, an some went wi bagpipes in the summertime. They done every kind o thing that they could manage. They got big loads o postcairds forbye, an visitors on the road wid buy them fer the views. We could sell them better on the road than whit they done in the shoaps. If ye sent tae Glesgae ye could get mair, fer this wes a big store sellin every kind o hardware an they hed postcairds an everything. Ma mither done a lot o that an men done the sellin o things tae sometimes. They sellt thae big brushes that ye usetae buy — 'number fives'. They wir a brush fer sweepin a hoose an they usetae send tae Rattray fer them.

Thir wir lots went roond in that day. Whytes went roond an McLairins [McLarens]. A lot o the McLairins bud aboot Arbroath an Dundee. Some o the auld McLairins they caad the Maglins — the Tatties.[20] Ye see, they wir fond o tatties. Thir wir big droves o thae McLairins aboot Arbroath an they usetae go roond an sellt things up by the glens. Some got auld hooses in Arbroath an they wid go oot fae the hoose fer a week or twaa, roon the country. When they got cauld they wid come back intae the hoose. Ye could camp a lot o places aboot Arbroath tae. Thir usetae be a place oot the ither side o Arbroath they called the Kail Camp. They usetae hae horses intae it, prambulators, bunnles an everything — hale droves o them, fer Ah've seen the auld road packit. Then thir wes mair camps on the ither side away by Friockheim. Wan wes intae a wuid caad Minroman Wuid near Brechin an then they campit away abeen Brechin.[21]

At Taranty thir wes an auld cattle-raik road an tinkers usetae bide thair. The tinkers usetae go tae the merket at Taranty fer the horses. Thir wes bad an good horses went up tae it an they swappit an deelt up at that merket.[22] It wes intae a big kind o square place an lots went tae it: Stewarts, Whytes, boys fae Aiberdeenshire an tinklers fae Perthshire. Oniebuddie wed go to it if they hed horses an wanted tae get dealin or sell oot. The auld cadgers went wi pownies cos at that time they hed them fer drivin the fish-floats. They usetae trade intae that merket. Yil no get a horse ontae a fish-float now but down Arbroath an aa thae roads, as faur as Aiberdeen, they usetae hae them instead o a van. They went fer miles an ye got them comin back in the dark sometimes wi lights on thir float. Ah've seen us when they wir comin hame efter bein oot sellin thir fish aa day — they usetae come tae the camps an roar us up tae the road an gie us big boxes o kippers an things.[23] What they hed left they gien tae us fer they'll no keep tae long.

An thir usetae be a merket at Letham, oot fae Forfar an ye hed a lot o thae feein merkets up in Aiberdeenshire. They usetae go tae them thick. Ah've seen them masel at Letham an thae places. Ma fether tellt me aboot yins in Aiberdeenshire. Ah never seen them but Ah seen wans in the county o Angus. Thir wes a lot o fermers, folk fae aa places, an wumen an aa; horses at them tae, ferm horses an aa kinds.[24] Then, men that wes wantin a job could staund fer the feein. They hed a bit strae pletit intae a ring in thir bonnet. A fermer seen this hervest plait in the side o thir bonnet an that fermer kent they wir lookin fer a fee. They got a job then, thae men. None o the tinkers bothert daen that, but ploomen an cottarmen could dae it. They [the farmers] taen them lang times, mebbe winters an summers if they got in, but the like o us wid ask fer a job at the hervest or they micht mebbe come tae us sometimes. Now wae thae combineders, thats spoilt a lot o the work. At that days, ye done it near aa wae yer haunds — the hervestin — aa bar the binder cuttin it. An a lot could cut wi scythes in amangst the coarn, fer when the rain come it made lyin beds in the coarn an ye cut a lot o them oot.[25] Anither yin could come ahun ye then, tyin them up tae let the binder richt through. Then ye got the stookin o it. Efter they hed it aa stookit up fer a while tae dry, ye mebbe got the biggin o the cairt tae dae. Yin forked it up an yin stood on the cairt an bigged the load up. Mebbe thir wid be two or three cairts in a field an men leidin.

Sometimes ither yins come roond wi us fer company — Johnstones, Stewarts an Townsleys tae. Ach, lots o names. They kent yin anither weel an come wi yin anither roon every road in the summer, enjoyin thirsel wi drink an wan thing an anither. On dry nichts they made a bit spread. Then, lots usetae sleep aneth thir cairts. They hed big Aiberdeen vans an everything. When nicht come they jest got a big web o canvas an they screened the cairt even roond, richt roon the wheels an they hed a thing like a wee shed on the inside. Thats when they couldnae get nae sticks tae mak tents or in a hurry an them drunk. They taen the canvas on twaa strings, even roon the cairt an stoned the covers at the fit. But ye hed tae prop the trams o the cairt against somethin fer tae keep the trams up. An Ah've seen the auld yins gettin a skipper fer Ah've been in them alang wi ma mither an fether when Ah wesnae onie size. We done it at a place they caa the Rhynd oot fae Perth. Hit wes a stable we went intae an we lay intae the horse's toilets wae plenty o hay. That wes a long long puckle years ago, but Ah mind o us gaun thair. The next day we went away up by Forteviot on the road gaun tae Dunning.

Sometimes we hed a powny an somteimes we hednae. If we sellt the powny we hed a barrae, an then if we hednae that, ma people wid cairry a bunnle. Auld yins usetae cairry thir camp-sticks on thir shooder wi the sharp ends up. When they got thir shape ye see, they keppit. Hit wes like a bow an arrae tae look at. Ah've seen ma fether when he wes stuck wioot a cairt, makkin two big bunnles an pittin them across the powny's back — whit they caa seckets, same as if ye wir gaun tae the ghillie'n. Onie big cloot that we hed done an ye jest tied them across the powny's back, pit a blanket aneth so as no tae skin the beast's back. Ye jest hed tae cairry on till ye got a cairt. Same if ye didnae get the taickle fer tae yoke it on, ye made the britchin wi new rope. Fermers could make it fer workin cairts at wan time. They hed the workin seddle right enough but some jest made the britchin the same as we done.

If we hed a cairt we micht tak stuff fer wir tents, stuff fer sleepin, strow or hay fer pittin doon on the grun at nicht afore we pit wir things doon, an strow fer the horse. Thir wir dishes, pots, cans — aa kinds o things. Ma fether wesnae much in fer the scrap but he micht get the odd bit brass an bits o copper, rags an everything like that. Ye hed cairts an floats as big as a wee lorrie at the back. Sometimes we hed a float cairt wi wuiden wheels an ye got square cairts spinnelt wi rails alang the side. If rain come we could pit a cover on the cairt wirsels. Ye could mak a tent ontae hit fer tae keep wir stuff dry an aa us bairns wid be dry on the inside o it. Fae the tap o the rails o yer cairt ye pit boughs ower, an when ye come tae camp at nicht, ye could tak it doon an pit up yer tent.[26] Ye got lamps on cairts at that days that went wi penny caunnles. That caunnle wid tak ye fae Fife tae Aiberdeen.

At that day, lots o auld campin-gruns wir left — sometimes wuidsides, places like a green field sheltered roon wi broom, mebbe a broad bit aff the roadside or an open wuid, quarries, an auld places made like lay-byes. They liket plenty o grass fer tae pit thir tent on an mebbe ye got a battle o strow fae a fermer tae pit intae the tent. If they couldnae get strow some bits, they got ferns. But no the green ferns fer they wirnae sae good. Ye got them when they wir seasoned richt, a bonnie broon. Ye cut them at that time an they made a richt bed. If they hed a horse, gey often they hed tae cairry strow or hay, fer some camps wir awfie bare-like wi no much feedin. Sometimes ye come tae a wuid. Well a powny is no fond o wuid-gress but they like gress at the roadsides.

Ye could camp up the glens fer thir wir open bits an ye could gaun intae near onie bit. Then, they usetae pitch the tent awaa up Lintrethen [Bridgend of Lintrathen] an Glenask [Glenesk] an thae places. Awaa doon by Fettercairn ye got plenty o camps. That wes a leveller bit an the road went doon by Laurencekirk. Well thir wes special auld roads fer campin thair an some wuids ye could bide in at the side. Awaa roon by Hillside, Montrose, jest abeen the hospital fer the mental thir wes an auld road wi two wuids an ye could camp there. Then awaa by Bankfoot ye hed camps, Spittalfield an Caputh, then roond aa by Blairgowrie. We usetae camp at a railway bridge on the ither side o Alyth whaur a road taen ye tae the golf course. Then ye could get oot ontae an auld rough road that taen ye up tae Burns o

Killerie [Burn o Kilry] an this road hed strips o beech trees along the sides o hit. They campit thair at the Buckle Wuids. That wes the name they gien it. Up in thae bits aboot Lintrethen ye got a lot o shelter an plenty o good grun fer campin.

Noo thir wes a camp they caad the Toll Wuids or the Rattlin Coffin. It wes abeen Dundee but the wuids ull be cut doon noo. They wir big wuids at that time they tell me. Ye could come ower in tae Tullybaccart an doon on the tap o Coupar Angus fae them. Thir wes a hill went ower an a tar road, but when ye come tae this wuids it wes a very waste-wuid an they caad hit the Rattlin Coffin. Auld tinkers afore my day said that thir wes an auld wumin an she died in a tent. She wes a tinker wumin an didnae belong this country. Ah think she belonged tae the Muir o Ord or the Black Isles or some place. She wes supposetae dee in a tent thair an the rest o the people wes beside her when she died. When bedtime come she started swearin an she sunk her ain coffin. When she was coffin'd she cursed till mornin. The language that come aff her wes somethin awfie. The rest o the boys hed tae run an report her, an she got shifted oot. They ran away when they heard her fer they thocht the devil wes wae her. They got her pitten intae the mortuary or whaurever she hed tae go. They caad that wuid the Rattlin Coffin efter that, cos she rattled the coffin wae swearin.[27]

An at wan time thir wes an awfie lot o Burkers went roond the country an ye hed tae watch yirsel on the roads wae them. Ye could be traivellin along the road an they could meet ye aboot the back o five o clock in winter, in a waste bit, an they could tak ye awaa tae God knows whaur — colleges or oniething. Ye see, they couldnae get bodies at that time so they hed tae tak them — kidnap them, fer tae practise on thae bodies.[28] When ye wir sleepin in a tent it wes dangerous, very dangerous. Thir wir certain camps — whaur camps come up an doon tae a lot — that they hed watched. They kent all the old campin-gruns aboot Arbroath, Dundee an aa roads. Ken, whaur tinkers campit — away by Coupar Angus an up tae the Hielans o Pertshire. They kent every campin mark, even whaur tramps lay. Ye see, tramps usetae go aneth road bridges an pit fires in them, an they tell me ye wid hardly see a tramp bidin aneth them cos the kidnappers were sae thick at that time. They got ye intae waste wuids, hills or onie places.

The Burkers traivelled steady wi horses an this machine. When they went oot at night they kept gaun aa night. Thir wes a college in Logiealmond an they could come fae Dundee, some o thae kidnappers. Ye wid get them mebbe in Edinburgh; whaurever big colleges wes, an they wir learnin tae be doctors an professors. Thats whaur they wir. The machine wes a square, four-wheeled machine wae a dickey fer sittin on at the front o it. Thir wir a thing come on the tap like a big

24

black umbarella but hit wes bigger. It wes covered wi what they caa black douk, like navvies tartan — ken, thon stuff on huts. A drawer pullt oot fae aneth it an thats the way they workit. They wir every nicht on the prowl. They tell me ye could never sleep at that days. An thir wir rubber pads come ower the taps o thir horses feet an the lamps they hed in that days wes awfie dim. It wid be nae good if they kept them too bricht, fer folk wid see them comin. The only thing ye could get notice o wes this four-wheeled thing squeakit on the auld roads. As it wes comin it gien a squeak — 'squeak squeak' — like a boot but mair louder. Then they kent it wes comin an that gien them time tae run.[29]

Yince they got an uncle belongin tae ma fether — Donald Whyte. He usetae bide doon Kirriemuir way. Well, they got him years ago at Dunkel. Ootside Dunkel thirs a brae taks ye up tae the slauchterhoose. Finnert they caa it. The road gans richt ower tae Butterstoon past the loch. The rest wes gaun oot that wey an this auld yin, he slunk ahun an fell asleep. He wes roarin but it wes nae use, fer they hed him near intae this machine. Then the ithers got big palin refters — ken, thae slack yins in fences — an hed tae breach the doctors tae get the auld yin oot. They lowsed him an taen the machine tae Burnim. It's in Sim's Garage at the back o Burnim an the horses wes pit intae a field an sellt, fer the kidnappers never come back fer them. If ever yer in Sim's Garage, yil see it sittin amongst the scrap but the wheels is aff it.[30]

Ah heard ma fether say that ye wid think thae kidnappers hed jest come oot o a burial. When ye lookit at them they hed swallae-tail coats wi two buttons at the back, stookie ties, an some wi hair on thir face an some bare-shaved. Thir wir aa kinds o them. If they met ye on the road or got ye, they jest stuck a thing like a plaster ower yer mooth an ye couldnae dae nae mair then! Ye forgot everything jest the same as ye wir dead.[31] They wid tak ye, then operate on yer body in a college. That saved them payin fer bodies.

## NOTES

1 Between 1891-1930 The Royal School of Dunkeld was at Culloden House, The Cross, Dunkeld. After the school moved to new premises in 1930, this building became the headquarters and museum for The Scottish Horse.

2 Torwood Public School, sometimes known as Birnam School, was located in the part of Birnam called Torwood. It had formerly been a Free Church School. An entry in the *Birnam School Register* for the 1926-27 session gives Sandy Stewart's date of admission as 31 January 1927. To this day, Sandy is unaware of his precise age, his date of birth being given here as 'not known — a tinker — only one week at school, probably about 6'. Birnam School at this time comprised around eighty pupils, three teachers and a headmaster. It remained in the same building until April 1930, when The

Royal School of Dunkeld took over new premises in Little Dunkeld, accommodating pupils from both Birnam and Dunkeld for the first time under one roof. The old Torwood School building became a youth hostel until it was demolished in 1977 to make way for the improved A9 road. All that remains are the front wrought-iron railings.

3 Outbreaks of mumps and scarlet fever are recorded in the *Birnam School Log Book* for 1927.

In November 1920, Perthshire Education Authority had instructed the Clerks of School Management Committees to liaise with the police in order to keep track of traveller children.

4 'Miss Begg was small and stout — just a wee barrel — and spoke with a real Aberdeen accent sometimes. Sandy's description of her is very accurate, but she came from New Deer in Aberdeenshire and taught in the new school.' (Mrs May Robertson, formerly Miss Gibb, recorded by Roger Leitch at Murthly, Perthshire on 8 May 1986.)

5 Henry Crombie was headmaster at The Royal School of Dunkeld between 1904-40.

6 'There was a family called Higgins who lived in Torwood and some of the same family are now in Rattray. The ones in Torwood were hawkers but they turned out all right. I remember that the man Higgins in Torwood had a war injury.' (Bill Edwards, Birnam, recorded by Helen Jackson on 12 July 1986.)

7 Mrs Robertson (née Gibb) taught at Torwood from February 1928 until April 1830. She was at the time in the lodgings Sandy describes, and her own recollections of Sandy are of great interest here:

'Sandy was a real skeerie character but a nice laddie, and he and his sister Mary were very good and never got into trouble as far as I can remember. They were tidy and always changed their clothes for school. They lived in a wee tent with the fire in the middle and reeked o burnin sticks, at times. I think it would just be a tweed suit that Sandy had. Martha, his mother, went round the houses, you know, and people were very good to them.' (As for note 4.)

8 'The lay-out of the school was this big room that I was in at the western end, a small room for the juniors and a cloakroom between these two. The soup kitchen was in a separate room at the back of the school. Local butchers gave bones for the soup, and the pupils used to loiter around in the hope of getting a bone with a bit of meat on it. In the middle room there were two hobs at the side of an open fire, and each morning, large pots of water were placed on these to make cocoa for the pupils.' (ibid.)

9 The 'ginger-heidit' nurse was Miss Eva Miles. She and a Nurse Gill cycled the district on their rounds, the latter being responsible for midwifery duties. Scalp inspections were regular to detect head lice, which occurred in children and were often spread through the habit of borrowing combs.

10 The chemist in Birnam at this time was a Mr J. Walker.

11 Severe flooding occurred in the Strathtay area during late January 1928. Newspaper reports mention it as being the worst for twenty-five years. The rivers Tay and Tummel both burst their banks at their confluence near

Logierait. Behind Logierait Commontry, the local hotel's byre and stables were awash, as were adjacent houses. Livestock perished in the floods, and to the south of Dalguise the valley on both sides was 'like a lake'. (*Perthshire Advertiser*, 25 January 1928, p.5.)

12 'The fiercest windstorm experienced in Atholl and Strathtay within living memory prevailed throughout the Central Highlands on Friday and enormous damage has been done to property and trees. Many of the district roadways were heavily blocked with falling timber. Many trees which had withstood the storms and blasts of the centuries succumbed to the force of the hurricane. The full force of the windstorm was felt in the Dunkeld district.' (*Perthshire Advertiser*, 2 February 1927, p.5.)

The gale reached a velocity of 102 m.p.h. and it must have been a terrifying experience camping out in woodland under these conditions. 'Trees also fell across the railway at Dunkeld, delaying the Inverness trains for three hours at Birnam. . . .' (*Perthshire Constitutional & Journal*, 31 January 1927, pp.7-8.)

13 In 1922, the Grampian Electricity Supply Company was given parliamentary approval to impound the waters of Loch Ericht, Loch Rannoch and Loch Tummel and to supply electricity to Perthshire and neighbouring counties. The first large-scale hydro development did not get under way until 1927. By 1930 the Rannoch station was producing power.

14 These hydro construction schemes were labour intensive. A significant proportion of the workforce were migrant Irishmen. The main drag of the itinerant labourers heading for the so-called Rannoch Scheme was up the A9 Perth to Inverness road, which passed through the centre of Birnam and smaller communities like Inver. As a native of Inver recalls: 'Tramps we called them — but they were really men who were on their way in search of work, not only Irish, but men from the industrial areas and places like Fife' (Bill Edwards). The provision for the men at Rannoch was, to say the least, basic:

'My brother was an engineer in the first scheme at Rannoch. Conditions were bad. He said the men had huts and the only kind of sleeping places were bunks of straw. Heavy work was done by Irishmen who didn't care how they lived.' (Noted from Mrs Alexandra Walker (b. 1896, Glenlyon) by Roger Leitch at Aberfeldy on 12 March 1983.)

15 A cottage to the north of Dunkeld was occupied by three eccentric old ladies who came to the area each summer. Known as 'The Fairies', they have become part of local folklore, reputedly keeping a pet fox on a lead and setting a full table prior to their departure for the winter. Their house at Leadpetty Toll was eventually burned to the ground.

16 Arthur J. Harris, known as 'Cockie Harris', was the local Inspector of Poor for the parish of Little Dunkeld. One informant was able to describe the line which Sandy referred to.

'It was a little blue slip and it had written on it — please supply either the bearer or the name of the person with goods to the value of. . . . It might be a single man on his own, and of course, when they got these lines they were up to all the tricks, if they could manage it. They would try and get a gill of whisky instead of five shillings worth of groceries, but Cockie Harris knew the types that did this sort of thing and he would only give them the barest, barest subsistence. They would take it to the local grocer's shops but Reid's was their favourite. He was very, very kind to them. If there was any scraps of tobacco, he would throw it in free; if there was the fat end of the bacon left over, ham bones or other bits and pieces — Old J. D. [Reid] was very generous, a real gentleman.' (John McIntyre (b. 1913), recorded by Helen Jackson at Perth on 14 December 1983.)

17 This hump-backed bridge over the river Tummel is a short distance from the power station at Tummel Bridge and can still be seen, although it is too narrow to carry traffic now.

18 'There is a place not far from the head of Loch Rannoch — a circular park, close to the road. One year a big crowd of horse dealers came up to stay and tinkers camped in tents there. They used to go about with garrons and floats. A whippet was usually tied to the back axle. They carried a scythe for cutting grass for their ponies. Some of them had herbal cures, too, and country folks often asked them for their advice.' (Noted from Iain McDougall (b.1908), by Roger Leitch at Logierait on 9 March 1983.)

19 Charles Rattray and Co. of Candleriggs, Glasgow stocked numerous items for mail-order, including jewellery, stationery and small hardware. Travellers would often request seconds or discontinued stock, ordering these through local post offices.

'When I was Sub-Postmistress at Ballinluig between 1938 and 1940, the tinkers were regular customers. They expected us to read their correspondence, write letters for them, and in particular, the Stewarts of Inverness expected us to write out their orders to wholesale firms in the north of England. This was for stuff they hawked round the doors. On one occasion, their order was for ladies' underwear — much to my father's embarrassment. It was for stuff like corsets and they spoke so quickly and my father was rather deaf: "Can ye no mak oot whit Ah'm sayin min? Dae ye no ken whit they are?" At which point, he flung the pen over to me and said — "You take over!".' (Noted from Miss Helen Jackson by Roger Leitch at Perth on 26 June 1987.)

20 Just as travellers were fond of bynames for individuals (see Appendix III), they similarly used them when referring to certain family groups or regional 'clans'. These tended to satirize the physical characteristics, employing the names of birds or animals, and also drew on family traits. Eating habits were a popular target, e.g. The Brochans or porridge-eaters.

The McLarens were known throughout Forfarshire, camping in the foothills of the Sidlaws at places like Dronley Wood near Kirkton of Auchterhouse. Their so-called 'chieftain' was Auld Hughie McLaren, a respected figure who died in 1908 in the Eastern Poorhouse, Dundee (*Glasgow Weekly News*, 15 February 1908).

21 Minroman Wuid is the local dialect name for Montreathmont Forest, south of Brechin.

22 The Taranty Old Road, marked on maps as 'Cattle Rake' (1959; NO56SE), was formerly an old droving route. The market on Trinity Muir to the north of Brechin was long known as Taranty or Tarnty Market (*SND*). As well as an important cattle and horse fair, it was also the main feeing market for North Angus. In its day, the horse fair was attended by large numbers of gypsies and tinkers who camped in the vicinity.

23 Cf. *The Christian Watt Papers*, p.25.

24 'I never in my time saw women at these markets, though before my day they say it was quite common.' (David Toulmin, *A Chiel Among Them* (Aberdeen, 1982), p.88). Feeing markets came to an end with the 'Stand Still Order' of the Coalition Government during World War Two.

25 It was common for laid crops to be harvested by migrant squads using scythes, or even sickles. It was a slower process because the point of the scythe blade had to do all the cutting. An elderly informant in her late eighties recalled travellers coming to the upper part of Glenisla, equipped with their own scythes for harvest work.

26 Brian Vesey-Fitzgerald refers to a similar method in *Gypsies of Britain* (London, 1944), p.166.

27 Travellers adopted a fascinating nomenclature for their various camping grounds; for instance the Wallopie Shullin Auld *Lig* (nr. Montrose), or the Bay of Biscay (nr. Easter Pitcorthie Farm, by Colinsburgh in Fife).

28 The Burker or Kidnapper tales of the travellers ought not to be confused with wider scare-stories relating to the resurrectionists. Unlike the body-snatchers who robbed graves and sold the corpses for dissection, the Burkers were said to have been doctors (with accompanying 'Noddies' or medical students) who snatched tramps and travellers off the road and murdered them for anatomy experiments. As one traveller put it, 'They wanted fresh bodies, no rotten old bloody corpses'. Travellers believed they were the prime targets since their disappearance would not be noted, or indeed regretted, by the authorities. The notorious Burke and Hare had already established a precedent by preying upon those migrants who frequented seedy lodging houses.

In addition to looting graveyards, the suppliers imported corpses in barrels from Ireland. The necessity of procuring bodies illegally came to an end with Warburton's Anatomy Act of 1832. But travellers believed the supply of stolen corpses had dried up and the unscrupulous sawbones had now to find their victims 'live in the flesh' — they wanted good healthy specimens. This may partly underpin the reasons why many older travellers — Donald Reid amongst them — feared any suggestion that they enter a hospital, or college for that matter. Certain farms were reputed to have served as interim mortuaries when the Burkers set out on wider-ranging prowls, garbed in their deathly attire and in certain cases with bloodhounds to flush their victims out.

29 Sandy's description of the Burkers' coach is remarkably consistent with versions recorded for the School of Scottish Studies from traveller informants in the 1950s: cf. Maggie Stewart's description (SA 1954/93) in

*Tocher* 5, 139. Also of interest is Stevenson's use of a doctor's gig in his short story, 'The Body-Snatcher' (1881). A spectral cart is to be found in the folklore of Brittany. It served as a death omen, and in identical fashion to the Burkers' coach, it creaked on its journey through the night. Upon it rode the *Ankou*, or personification of death, portrayed as a tall haggard figure with long white hair, or in true Hollywood style as a skeleton with revolving skull. On either side of the cart, there stalked a further two beings who opened doors and gates, and loaded up the cart with corpses. In Irish folklore, there is a similar type of spectral coach with a headless driver. It was fatal to try and attempt to halt the coach's progress. In contrast, an informant told me of a time when the Burkers' coach had been stopped near Ardtalnaig (Loch Tayside) by a man called Haggart who placed a taut chain across the road — and lived to tell the tale.

30 A black, four-wheeled gig lay in the paintshop of Sim's coachworks, Birnam, for many years until it was destroyed in a fire. It was formerly believed to have been used by the Lord Mayor of London. During his boyhood, Sandy was shown this coach by his mother and doubtlessly informed of its Burker connections.

31 The use of chloroform has been associated with robbery, white-slaving, kidnapping and a host of other nefarious activities. Its anaesthetic value wasn't utilised until 1847. The actual term 'burking' denoted death by suffocation. Around the time of Burke and Hare, general paranoia prevailed with sensational newspaper headlines attributing disappearances to 'Another Supposed Case of Burking'. In recent times, one of Hamish Henderson's informants stated that 'the missing persons column in the Sunday newspaper *The News of the World* was concrete evidence that the body-snatchers were still active' and that the names which appeared were mostly Burker victims (Henderson, 'Tinkers', p.2854).

**Plate 3**     In the gelly: 1986. Sandy and Davie with their dog.

Peggie: June 1983

**Plate 4**

# Chapter 3
# Rougher An Smoother

*Permits fer camps; the lady Maitland; an affie clairty hoose; near droont on the big Tay water; this big bugger o a laddie; ma mooth wes burnt tae death; weasels in fer a kill; serpents an a scotch crocodile; whit they caa cant; bagpipes aneth thir oxter; an auld man called the Yocht; reeds fer the pipes; the cheeky packman; nothin but the bare road; a wild-lookin man wae dark een; hale droves o oor people; yin they caad Jit; The King's Black Pearl-Fisher; fillin bags wae shells; The Biachs o Crieff; Johnny Flea an Heather Jock.*

When we wir oot at Burnim yonder, thir usetae be some that wid mebbe come fer a week or twaa, an ithers come fer a winter aside ye. But later on when we got the camp, thir wes naebuddie supposetae come in but wirsel. Ye see, ye hed a little book an it wes made like a motor licence, green covered, an this wes whit they called a permit.[1] Any police that come intae you when you wir in the camp, ye jest let them see that — an it said naebuddie but yirsel. But then thir were lots o folk that come in. We hed the permit fae a man they caa — let me mind noo — Whitheringham.[2] Well, John Hamiltoun — he come fae Perth — an this lady, Miss Dorothy Maitland — she bud in North Berwikk [Berwick] Street in Edinburgh — well, they hed the dae wae thae camps. They got thae camps for hus ye see, from the lairds, an they got oor camp fae Whitheringham an the Estate o Murthly.[3]

It wes Murthly Estate at that day that hed the camps all round thair. They hed a lot o estate on this [the Perth] side o Burnim, so we got the camp fae them then, an this lady went fer this camps. Now, thir wir ither camps hed the same kinna cairds fer thair camps at that day, an thae folk hed tae stick tae thae cairds if oniebuddie come in — let them see it if oniebuddie come in tae shift them or oniething when they wir thair. They got it fae the laird, ye see. Well we hed thon camp fer as loang as whit Ah can mind o, and tae the day yet if the laird wes livin, Ah think Ah coulda got that camp back ye ken. They ken me aaright in that bit up thair. An the laird he bud doon at Forfar House, Ah think.[4] His estate wes on Murthly Estate an Rae wes the factor. He jest lookit efter the grun mair than onie ither thing then, an he seen everything supposin the ither yin wesnae thair. Rae the Factor, he bud in the drive at Murthly.[5]

Miss Maitland got the permit fae Mr Whitheringham. John Hamiltoun, he usetae cam roond the camps an visit us then. He always cam up'n doon tae visit us an see that things wes richt wae us. They hed been speakin fer tae get us the camps. Ye see, they wed get mair than whit we'd o got; they wir friendly an wid go tae ithers that couldnae git campin too, an they done the same fer them. They could get plenty mair places an that wes their job. Thats what they done. Miss Maitland got camps an then she wid hae ye mak baskets for her — skulls an lots o things. She got big truck-loads, taen them ower tae Edinburgh an she paid ye for them. An if ye couldnae get enough stuff growin fer tae mak them, she sent ye stuff — canes an stuff fae Edinburgh.[6] Tinwork or oniething — the lady Maitland wed buy it. An Mr Hamiltoun, Ah mind he bud in Perth an hed a shrepnel mark on his jaw. It wes aff a gun an tore his jaw.

Ither wans hed camps tae, but in different pairts awaa oot fae whaur we wir. They wir at a place they caa Butterstoon, a bit oot fae the Loch o the Lowes an abeen Spittalfield an Caputh. Well, thir ither boys hed an auld road oot thair an they camped oot thair. Ye hed tae cam oot bae Butterstoon tae thir place and thir wes an auld lane they caad Muirheid. Some o them hed an auld moss — Johnstones — an they got in thair. They got permission thair. Henry Johnstone they caad the old man but some o his people's livin yet. And the rest o them then, hed bits up at Pitlochry.

Some o them caad the camp abeen Spittalfield — Cairney Auld Road. But Muirheid wes the wey it often got. Cairney, Ah think, wes the name o the place.[7] It wes a mile or a mile an a half past the Loch o the Lowes. It wes an awfie bare auld road wae no much shelter ontae it. Thir wes twaa or three hooses an the laird thair tae. And the laird, he hed an old hoose. Och, the hoose wed be aboot a thousand year old an the windaes wes never even cleaned — crackit windaes ontae it, an he wes the laird fer the place an collectit all the rents roond. An the auld laird, ye wid look at him an he wes like an auld tramp or an auld tinker. That wes the kind o laird that wes intae't. An he nivver used nae big hoose or nae mansions, jest this auld hoose the same as an auld place thats been lyin fer years. He hed braw horses an everything, an he hed pigs, and that wes the laird o Muirheid an district. He hed the money but ye wid see him at the hoose an think it wes an auld tramp shelterin. It wes a good enough hoose on the inside but it wes awfie clairty lookin on the ootside, worse than this auld tent.

Then, thir wes a school they buildit near tae whaur the cemetry wes [in Little Dunkeld]. Hit wes a place made like a college an the New

School we usetae caa it [the Royal School of Dunkeld]. Ah went tae hit efter Ah left the auld yin at Torwood. They usetae play hockey, an this big gym room hed climbin ropes like fer navy men, an things fer jumpin ower: 'cuddies' we usetae caa them, an ye could loup richt ower them. Ye could mak baskets thair tae if ye liket. Ah finished up at hit, but taen a year oot afore ma time an they nivver said oniething: we could get oot at fourteen at that day but instead o that ma fether taen us oot at thirteen. Mair o ma brithers hed tae gaun, an when they went, they kept me langer wae them cos they wednae gaun [to school] thirsels. Davie an them wed herdly keep in the school. Ah taen them hame at dennertime fer they wed o ran awaa. Ah went back three or four weeks wae them an efter that, the rest done it thirsel an Ah never went back. Ah wes the same at yin time. When I went tae school at first ma fether's sister hed tae come tae the school an sit wi me, fer Ah wed o ran awaa back tae the camp. The janitor usetae come an he jest claucht ye! He says, 'If ye dinnae come Sandy, yil get a home'.

Ye could go roon by the back o the church an the big Tay Water wes there. This time o awfie spates an rain, me an some o the laddies fae the toon got some planks an bourds an big oil tins. We tied them aathegither an pit the bourds ontae somethin like a bridge an made a boat. Thir wes a successive spate o rain an the water wes jest gaun fae bank tae brae. A lot o us trailed this thing tae the water. We hed stolen the ropes an bourds fae a joiner's place an hed them aa tied thegither. We wir aa sittin ontae it in this water an wan lowsed fae anither in the middle as it wis gaun. Wan tin went wan road an anither went anither wey. It wes the janitor an a lot mair men come. They hed tae cleek us wae wires an by God they hed some work tae dae. It wes a good job that the thing dednae get faur oot wi us. They cleekit the tins an the ropes ye see, an we stuck on till it come doon tae a thing like a pillar an a bush. They trailed it tae the side an we got oot. We wid o been droont cos the whole tins went away fae yin anither. We hed nae sense o tyin them. We nailed the bourds right enough but no the tins, an they slippit oot fae the rope.

At that time ye only got six months o schoolin.[8] Ye see, if you wir campin oot ye got the summer tae yirsel. The like o us gaun roon, got the summer tae wirsel, an the earlier we went tae school in the winter, the earlier we got oot again. The longer we kept back in the winter, the longer ye hed tae dae. Ah think it wes two hunder an two or somethin attendances ye hed tae pit in. Yince Ah went fer a fortnicht tae a school at Luncarty an shortly efter that, Ah wes four or five weeks intae Clathybeg School cos ma fether wes cairtin tatties doon thair while the rest wes gaitherin them. Hit wes an Irish squad doon ontae this ferm an ma fether an a lot mair tinkers went ower tae work at the tatties.[9] We wir schoolt jest fer the time o the tatties.

33

Thir wes wan boy an he wes a richt tormentin yin. We wir oot in the playgrun an it wes playtime. Ah usetae cairry ma tea intae a lemonade bottle an ye could heat the bottle at the side o the fire. This laddie wes wi me caad Morelands an thir wes ain o the Lowthers an a sister o mine. This big bugger o a laddie hed come tae Claythybeg fae the Carse o Gowrie an he wes ginger-heidit. Here, this boy come tae whaur Ah wes sittin an he hit me three kicks in the back. So Ah got up an struck him jest wance an he went awaa greetin. Ah thought the thing wes ower, so Ah wes drinkin the tea an sharin it wae the rest. Thir wes a lerch brench wi stumps on't an he cracked it ower the back o ma heid! Fer aboot six months Ah could nivver hear; it wes the same as if ye wir deif. This ginger-heidit boy wes a bad bugger an usetae kick if we wednae rise to fight. Ah hit him an thocht the fight wes ower but he come back, richt cannie, an hit me on the back o the heid wae this stick.

Sometimes we hed a lot mair things then than what we hae noo, fer things wes chaip then, like tea, breid, cheese, butter an eggs. Sometimes we hed none in the moarnin but cairried on until we got, fer we hed it poor enough an aa. Ah can mind us stovin tatties, an we usetae get beetroot but Ah dednae like hit. The first time Ah ever tasted mustard Ah wes young an Ah never got tae sleep aa nicht. Ma mooth wes burnt tae death! Ye see it wes a bonnie colour an Ah hed a spoon o it. Me an ma brither David wir at the camp an ma people wir awaa. Hit wes in an Ovaltine box an at the time we dednae ken whit it was. Ah thocht it wed o been sweet but when Ah taen this spoon o it, ma een watered. When ma brither taen a taste o it, he graat.

In some o the big hooses an hotels, Ah've seen them takkin ma mither intae the back an gien her tea, sugar an sandwiches — lots o things. When we got good days in the summer, me an ma brithers liket tae run in wir bare feet an we usetae fling the boots awaa. Every time we taen the boots aff wir mother ayways made us fling them on, so we usetae stay ahun her on the road an run in wir bare feet. When ye come tae saft tar that hed been bubblin up on the roads, it stuck tae yer feet. If ye come tae stones — we wir in fits — the stones stuck tae yer feet. Ah've seen us greetin aa nicht an ma mither haen tae gaun wae us tae the doctor's next day. Ma fether tellt us tae watch whaur we run wae oor feet or whaur we pit wir hauns in the like o lang gress, fer thae eddurs wed go fer ye. Ye usetae get wildcats in the hills an rocks abeen Dunkel an wance when we wir gettin water at a foontain abeen Burnim awaa up on a hill, we come intae a nest o young ains. An Ah've seen ma fether pointin at wheezles an tellin us tae watch thae beasts. Thair awfie fer hedges. Yir mebbe comin alang a bit hedge or a stane dyke an yin ull come oot an chipper an ye ken, he brings the rest wae him. Atween hedges is the worst bit fer them in the summertime. Ye get broon yins wae white breists an they can jump on ye. We hed yin in the tent twaa summers ago.

Thir wes a man that wes yince overmindet wae them. He wes in a car oot fae Kirmickle [Kirkmichael] an hit wes in the summertime fer we wir comin doon the road wi ma mither an fether an the sun wes shinin. Ah looks on the road an sees this great thing on tap o the road that wes movin up an doon, big as a tent tae lookit, an Ah asked ma fether whit wes movin? He lookit an says, 'Ah cannae tell ye whit it is'. So ma fether an us went ower fer tae see it, an here — thir wes a car covert, wae a man sittin inside. Ye could herdly see the windaes, an the man wes shoutin but ye could herdly hear him fer the gless. In anither minute or twaa, they wed o been up unnerneath the bottom o the car. They wes bleck on the tap an covered the wheels an every roads. Ye could jest see the shape o the car wi this ontae it — like a kill! Ma fether says, 'The only thing we can dae fer ye is report it'. Kirmickle wesnae faur. The police come along an went tae twaa keepers' hooses an taen twaa guns. They fire't an fire't and fire't. Three guns aathegither come. Thir wes a lot escapet an efter they got some aff, they clattered the rest wae sticks — they hed a big stick o a bremsh an sweepit the windaes wi hit. Still they stuck on the car, efter they wir cleaned aff the windaes. So the police says tae the man, 'Go as quick as ye can, fer thirs three stuck on tap an mebbe they'll slip aff as ye gaun roon the bends'. So mebbe they wir still on tap when he got tae Blair. Ah dennae ken — that wes a long puckle years ago.[10]

But the worst place fer the serpents is the Deeside. Thirs a place they caa Glentanner Wuids an they went on fire wan time. When this wuids went on fire, they tell me they wir jumpin fourteen feet in the air wae the heat. A whole wuid went on fire. The wuid went round a good bit o the country; thir wes miles o this wuid at yin time. An centuries afore wir days, lairds could traivel through in about an hour or an hour an a half wae horses.[11] Hit wes men that workit intae the wuid that tellt me aboot the serpents jumpin. An yil get whit they caa water-asks. Thir like a Scotch Crocodile. Hits somethin like the snake again. Ye get them yellow an thir made like a crocodile ye see. They've got teeth an hev four feet. Ye get ornaments made like them intae houses. Ye get them runnin through auld dykes an places an they've got a tail. The legs is short but they're stoot. Ye get them intae long gress and a lot caas them man-keepers but Ah caas them a Scotch Crocodile.[12]

Ye could caa a fire a *glimmer*, an *yaffin* is the dog. That's whit they caa Cant. Hits a secret amangst wan anether so as naebuddie wid ken whit they wir sayin. It wes a wey wae them. Ye see, mebbe some wir wantin tae dae somethin or go fer somethin — if the ither hed o kent, they wid o been in front o them fer the thing they wir gaun for, so they hed a name fer everything they got. So as they couldnae loose oot on oniething. Mebbe somebuddie done somethin — well, they could pass it on an naebuddie wid unnerstaun them. Ye wid hear them crackin away an think it wes Gaelic if ye didnae hae the Gaelic. Hits no only us thats got it, but as faur as the Black Isles hes it; Aiberdeenshire hes it but we could get a guid lot o hit.[13] *Shauch* — they caa that soup; *falshies* is sticks; the *pannie* is water; *yerrum* is milk, an a *newinchaet* is what we caa a cat. If we wir shifted, we wir *bung avree* fer the *hornie* wes at us an wed tae *bingae the lig*. We hed tae *bing wir whirlie*, aa wir *toggerie* an aa wir *chaets* on the *lig*.

Afore the last war, ye could come alang a road awaa by Perthshire, Coupar Angus, Forfashire, an awaa up as faur as the Hielans — ye wid mebbe meet some wae prambulators, shovin prams wae all thir stuff intae them an thir bagpipes on tap; ye got some o them traivellin wae a bunnle on thir back an thir bagpipes aneth thir oxter; ye got some wae barraes, an a Hielan dress on them. Them that hednae got cuddies, ye got shovin a little box-barrae; mebbe an auld man an wumin shovin them tae. Well thats the way they went roond. Anether time ye micht get them wae a powny. A whole lot workit that way, mebbe met yins like wirsel an bocht it fae yin anither. They kept that yoke fer a whiley, then they wid sell or swap again. They done the same wae thir pipes. Sometimes ye wid meet them dressed like a piper in a baund an ither days ye wed meet them wae twaa bits o claes on. They hed sellt thir dress or pawned thir dress an thir pipes tae, when they wir drinkin or mebbe short o money. At that day ye met tinkers on the road wae pipes every day. They wid sit doon an crack, mebbe swap pipes wae yin anither on the road; some wid gie money-aboot or you wid gie them money-aboot if ye thocht thirs wes better. Thats the way they workit. Ye got them away up by Callander — whaurever the visitors wes in the summer — an Loch Lomond, the Trossachs, an awaa up by Strathyre an Killin. Then thirs whit they caa passes — Pass o Leny, Pass o Keeliecrankie [Killiecrankie] — ye got them sellin white heather an everything up thair.

They could swap an deal on the road. Some wae thir pownies an cairts an a dug wednae go wrong ether. Lots gien dogs tae yin anether fer nothin but they swappit them tae or sellt them if they wir needin money. Some o them could play different things [instruments] tae. They played tin whussils an ye got some in Argyll that could play a mooth-organ. Some played a pianae-accordion. They could play the streets wae them, an atween the tin-whussils, some could hae pipes. Some tinker wumen away up in the Trossachs could play them — auld wumen, an thir sons played alangside thir mither. An *they* made money. Them that couldnae sing or play hed gramiephones wae a wee box fer pittin pennies intae. Forbye, when they hed the chanter an no drones, some could mak drones thirsel wae thir knife. Away doon Arbroath they made them thick wae thir knife. Bullberry maks them but no that young stuff.[14] Hits got tae be richt hard an seasoned. Supposin ye nivver shaped it, yer drone ull tune if yev got the chanter. Ah've seen some sets o pipes that Ah dednae ken what they were tae lookit; jest a big clump o wuid an men playin the streets wae them. Ah've seen them wae yin drone made three. The wan drone made the noise o three.[15]

Thir usetae be an auld man called the Yocht. Well, the Yocht wes a man who could mak his ain drones but he couldnae mak the chanter. He usetae get fir-wuid fer tae mak this pipes an he got vernish. He usetae dreel his drones. He couldnae see very well an he wid look wae wan ee through the drone, tae see that it wes a strecht bore whaur he'd dreelt. He wid say, 'Can you look through that drone an see that thirs a richt yocht intae hit?' Ye see, thir should be a grove intae the inside o the screwin tap-bit o yer drone; the bit that gans doon intae hit, gans nae further than yer grove. This grove in the middle is fer whut they caa the box o yer drone, an yer tunin-bit desnae go nae further. This grove hed tae be strecht through an it wes the yocht he caad it. He meent the grove on the drone — wes it even intae't [was it evenly bored]. That wes yin o thae auld McLairins. Lots hed bad an good pipes but the bad pipes done as good as the ither.[16] If ye hed yer chanter or stick, that wes the main thing. Some o them caad the pipes *stiumers*. Like a fiddle, they're the auldest music thats supposetae be gaun.

Keepers up in Rannoch an awaa up in Perthshire could mak thir own reeds fae hazel. Ah've seen us gaun roon in the summer an gettin some fae them. Though they made thir own reeds, they bocht pipe-makkers' reeds an they gien ye some o them tae. They kept all thir auld copper stoopuls when the auld reeds got broken, fer they could wip up anether yin ontae the stoopul. Ye could wip it wae lingan or tight black threid. The only thing wes that fer the first go they wir hard tae blow but they come mair easy wae ye. Some o them usetae pit treccle an flooer ontae thir pipe-bag tae keep it saft, an at wan time ye got whit they caa sweet-oil. Ye could rub yer bag wae hit an it got like a soft glove.[17] Then if ye went tae the pipe-makker like Glen in Edinburgh, Henderson or Larrie [Lawrie]; ye got stuff when ye bocht yir pipes, whether secon'hand or new. This wes in a roon sort o box like a tin an it hed a man wae a tartan kilt ontae hit.[18] If ye hednae a pipe-bag, a motor tube wid dae. Ye nivver hed tae soften hit wae oniething but it's bad fer the reeds. Too much water gets intae the reeds an it rots the reeds quick.[19]

Lots o the auld tunes Ah can mind. Yev got *The Inverness Gaitherins*, *Abercairney Hielanders*, *Road Tae The Isles*, *Monymusk*, *Dumbarton Drums*,

*Flooers o Edinburgh, Dunvegan Castle, Cock o the North* an *Barren Rocks o Aden*. Them that nivver read books nivver kent whit a score wes in thir life. Ah cannae read onie music but Ah can dae a foot readin. They could diddle tae. The aulder yins did it that wey an thats whit wes caad 'aff the ear'. The music books ye got — ye workit mair like letters. Logan o Edinburgh hed books like that at wan time an though ye nivver read, aulder boys an mair my kind o folk that nivver read, could manage tae read thir books that Logan gien.[20] They could see through that book an dae that deal intae't. When ye come tae pubs in toons, men askit ye fer tunes an keppit askin fer mair tunes.

In the summertime we sometimes went up the glens: Clova, Prosen, Glenshee, Glenisla, Glen Lethnot an Glenask [Glenesk] on the ither side o Edzell. We've been roon aa thae glens in Forfashire an Perthshire, up by Strathbraan an awaa ower bae Amulree an across tae Crieff, or ye can strike a road doon tae Logiealmond. But we didnae care aboot the glens in winter fer they wir dangerous thae roads in the time o storm. Ma fether tellt me, an ma grannie tellt me tae, that thir wir winters that the roads wes blockit an bits they wir intae hed jest wan hoose, mebbe a fermhoose, an folk gien them somethin till the snow got aff the grun. Mebbe a fermhoose gien them tatties. That wes afore Ah wes born. Ma people usetae get rabbit skins up in thae glens an ye could sell a lot o things up the glens. Ferms taen a lot o heather besoms an if ye hed baskets or onie kind o tinwork. But ma fether, he never bothered makkin tin. He thocht it wes too longsome fer tae dae't. Ma mither she went roon the doors an she got rags an claes, lots o things. Sometimes if we wir stuck, we got tea at the doors; sometimes we got hungry on the road wae no much tae eat — accordin tae the wey we done. Some places ye could mak money but ither places thir wisnae sae much coup fer things; we couldnae sell nothin or got nothin, so we jest hed tae cairry on till we got. Ah've seen us an we *hed* money, in bits awaa up in the Hielans, but ye wir miles an miles fae a shoap an couldnae get nothin.

Ma mither, she liket chawn the tobacca, an if she got an auld clay pipe — a seasoned wan — she dednae let that pipe gaun hale; she broke it an chewed hit, fer if she hednae onie tobacca, she got the taste aff o hit — the awfie black clay-pipe. The saft yins wes the best. An Ah've seen her when she usetae gaun roond the hooses, gettin brunches o them. We wirnae the only yins that went roond the hooses.

Ye got men that hawkit oot o packs. They usetae be made oot o thae dark-fashint kind o cloots an they usetae hae them tied square an cairried them on thir back, sellin at the doors as they wir gaun alang — packmen ye cried them.[21] Some o them come fae toons. A lot went roond wae bicycles an some o them cairryin on thir back. An the tinkers hawkit a lot o things tae: peens, laces, tin cans an jougs, heather besoms. Ah mind o ma mither sellin oot o a basket. An thir wir places that the like o tinkers went through an got a lot o claes, like oot o the big hooses — auld claes, but they wir as good lookin that ye widnae ken them efter bae the look o them. Yed think it wes mebbie somebuddie oot a toon or a hoose, tae look at them.

Well, thir wes yin that usetae gaun aroon, but he wes an auld packman. Its afore my time that it wis, but he usetae gaun roond by the county o Angus — Forfashire — an this packman cairriet a pack on his back an hed some on a bike in the front. He wes sellin stuff like togs an things, claes, an he come tae a fermhoose an got in touch wi this wumen. An he got tae merry them. He wes left as a fermer. They'd a notion o him, ye see; thir wir two old sisters an he got married tae wan. It wes Rough they caad him — Rough o Langbank Ferm on the ither side o Kirriemuir. He wes an old packman, Mr Rough, and they caad him The Cheeky Packman. He'd a queer kind o cheek — his cheek come queer, the way his ain fether hed made him. Wan cheek come narrae-er than the ither an it cam doon like a lantern. The tinkers usetae caa him The Cheeky Packman fer he usetae gaun roond sellin toggerie oot the pack afore he got the auld mort.

Noo, thir wes a milkman buds in Kirriemuir — a nice man, an they caas him The Coo's Lip fae Kirriemuir. He wes born wi a coo's lip an he'd a coo's tongue. He could speak tae ye aaricht, an the people in Kirrie, if they wir waitin on the milkman, wid say 'Hae ye seen the Coo's Lip?'.

An at that day, ye got a lot o thae auld tramp boys but noo they're intae models in the toons. Ye see thir wes nae models up thair at that time; they hed nothin but the bare road. Thir usetae be ain o thae men that wes cried Ganshin-Ma-Gravy. He usetae fry ham an stuff intae an auld boatshed up at Kenmore. Well, he usetae sit intae this auld boatshed an thir usetae be fine sand, but sometimes the water come intae hit an he hed tae get oot. But on cauld nights he went intae hit an made fires. They caad him Ganshin-Ma-Gravy fer he wes an awfie man fer a grill. He wes always fryin an grillin oniething that he could get. He wed traivel fae here tae God knows whaur tae get ganshin in aboot the ham.

An thir wes a man they caad Billy McCabe. He hed a motor bike an side-car an he'd a tent. Ach, thats years ago fer Ah wes gaun tae school. Well, do ye know hoo mauny wumen he kept? He kept twaa. Twaa yins that laid doon aside him at nicht. Look — he wouldn't let none o thae two wumen away but they wir his wifes. He kept two. Aye, ye got some queer ains that wey, an he wes a buck. An ye got bucks intae hooses. This auld boy caad Double Baird bud intae a hoose wae the langtails. Thir wes nae roof on his hoose an hit wes on the Milnathort

39

side o the Pass o Condie. He workit on ferms sometimes, but aathing he hed come aff middens roon aboot Perth. He wes a big wild-lookin man wae dark een, a blaick moustache an double baird. Wan baird cam fae his chin, an the ither yin fae his neck — hit stuck oot an wes mixed wae grey. Hair grew oot fae his lugs an aa. An oot Dunkel yonder, at Inver, thir wes wan o thae buckmen we caad The Clacher. He usetae gaun roon the country wae a bag, an on his heid he ay hed a felt or bowler hat. Ah wes at the school when he wes an auld man.

Ye got some o them that could play the pianae-accordion. Ye got some that played the melodeon fer they wirnae sae dear at that time as the pianae-accordion. Well, some o them bud intae models. Some were well enough dressed men. If they wir stuck fer tae mak a bob or twaa, they could gaun an get twaa spoons, mebbe in a pawnbroker's — and they could sit on an auld bananae box an rattle the spoons up their erms, an ontae their legs an mak guid music. Some tinkers could dae the same deal but it wes maistly the bucks that workit the spoons. See, thirs rich an poorer folk — well, the bucks wes poor. The tinkers wirna rich ether, some o them. But thats whit they caad a race o the bucks.[22] The bucks wes awfie fer sheet-bag tents. The rough yins hed bags jest, preent doon wae wire an pit sideways on sticks, or mebbe them intae the likes o coarnsecks. They wirna great fer rain though, ken, they'd dreep on ye: mak ye worse instead o better.

It usetae be that ye got hale droves o oor people gaun aboot aathegether in lots o groups; different faimlies in aa pairts o the country. Yev Johstones, Stewarts, MacPhees, McAllisters, Williamsons, MacKenzies, Townsleys, MacDonalds, an if ye keep doon the wey again — McLairins, Camerons. Noo at Rattray — thats abeen Blairgowrie — they're fil o tinkers. Yev Townsleys thair, yev Stewarts thair, MacGreigors — yev a lot o them. They gaither scrap an stuff tae, an they're tinkers. An yev MacAirthurs, Reids, Whytes . . . Ye got them fair haired, ginger colour't, grey heidit — whiskers, some o them, moustaches, bairds, some o them bare-shaved. Ye got them aa weys — rougher an smoother.

Thir wes yins that come fae as faur awaa as the Black Isles. Yin they caad Jocky Williamson but fer a byname he got The Wuiden Sailor, fer he wes like a wuiden sailor. An his wife, they caad her Nellie Klishek or Pea Sauch. Efter she got Jocky she was caad Auld Pea Sauch. Ah suppose they caad her that name in her ain country in the Black Isles. An the ither yin, her man, he ay played the pipes. God, he wes an aaricht piper. He played at the doors fer money — streets an toons, an she wes wae him. But he wes an awfie drinker. She died at a fire, sittin wae a big man that ye caa Jimmy MaHungry. Well, she wes at thir camp-fire doon aboot Aiberdeen some wey. She wes kind o drunk an wes drinkin methylated spirits. It could kill ye — burn yer hert — an she fell dead at the fire.

Well, when she wes dead an buriet, The Wuiden Sailor went away roon by himsel wae the pipes here an thair, an he wes a bad drinker tae. He drunk every kind o drink he could get an he wes gotten deid hissel. Noo Wallockie wes the guid son tae him. They caad him Copper-Faced Wallockie. His wes the same face as — except that he wes an uglier man — dae ye ken thae things that they hing claes on in drapery shops? Statues, an they're made o copper — face an aa. Well he wes mebbe a darker colour than thon, but he wes the fondest o the pipes. He'd go through fire an water, staund daith even, fer tae get a set o pipes. He'd staund tae be shot if ye could get him a set o pipes. If ye got him a set, he'd start noo an it wid be the next nicht again, before he finished playin. An he couldnae mak nae sense o what he played, that he couldnae. An he couldnae even tune the drones thegether — he could hardly tune yin drone. But his fether could play as good as a[ny] piper thir ever was. He was good.

Then thir wes yin they caad Jit. He wes like ain o thae men ye see sittin on a caimel's back, wi a thing like a pugaree on his heid an a coat on him like a table cover. He wes a big strong man an his inside come oot like THAT! — his belly. He couldnae button his troosers richt an he hed a moustache that come oot like a roadman's brush. Hit wes a big black moustache — jit black. His nose wes short an come thick at the end, like a Majestic tattie — an thir wir spots on it like a peeweet's egg. He belonged Perthshire an wes the King o the Tinklers.

Anither yin wes Sandy Clooch. He wes a friend o Jit, an some caad him The King's Black Pearl-Fisher. He wes a pearl-fisher ye see, an he kept a square boat fer fishin pearls. Sandy MacDonald wes his richt name an he come fae Comrie wey. At that time, the pearl-boat wes the chaipest boat goin. Ye could go tae a joiner at that day an yed get a pearl-boat made fer aboot ten bob. But I made yin fae canvas. I got a big thing like a crate — Oh, hit wes a big size o a thing, an afore I pit the canvas on, I tarred the box first. Then efter Ah tarred it, Ah pit the sail ontae hit when the tar wes saft. Then right ower the tap o the sail-cover Ah taen thae big tacks, like slate tacks except they wes longer. Ah nailed them an taen the tar again an went ower the tap o the canvas again. Ah've seen three o us intae hit fer we made a seat wae wuid at each side o hit. But if ye wanted, ye could get onie shape o a boat made fer ten bob at that day. In any bit o Perthshire, joiners made them.[23]

Abeen Cortachy, ye could go up a good bit fae Winter's shoap an ye come tae a sickle o green in the middle o a wuid. We campit thair an sometimes ye usetae get Games an circuses ontae that green. Ye went doon through the wuid an the river wes at the fit. This river went up tae the tap o Clova an the pearl bred in that river, same as the big Tay

Water. On Sundays, we usetae go doon tae the river tae try an get a pearl. Ye could sell them intae jewellers' shoaps or mebbe a toff or a gentleman bocht ain. If it wes a clear day an ye wir in a shallow bit, ye could look doon an see the shells at the bottom. But if it wes dark, ye wir ay better wae a joug. Ye got a can — cut the bottom oot o it, cut a roon gless wae a white stane an got some caunnle wax. Ye dreepit the caunnle wax roond the gless an hit stuck tae yer joug then. Melted pitch wed dae fer its good meltin stuff an melts like oil wae ye.[24]

Ye needit a big lang stick an ye pit a split in the end o yer stick. Then ye wadet intae the water, lookit doon through yer joug tae see the shells, an then wae yer stick ye dabbit them ontae hit.[25] Ah've seen a hale drove o us spendin a hale day at it — fillin bags wae shells an takkin them tae the bankin an openin them. Lots ye never got nothin in, but ye micht open the first wan ye got — it wes yer luck wae them. Ah've seen me eleevin year auld an gettin them in the Tay Water.

Some hed boats fer deep water — all shapes o boats. A lot o tinkers pit them on thir cairt, an if no, they could mak a level thing ontae pram wheels; pit yer boat ontae hit an pack aa yer stuff in the boat.[26] Ye could shove hit like a barrae. An ye got them every day in Perthshire at wan time wae thae things: Stewarts, Reids, Townsleys an aa kinds. Ye see, they keepit the boats fer difficult bits that wir ay deep. Forbye, a lot nivver bothert wae aa that gear. They jest kept tae the wadin an it wes maistly the wadin that we done. Sometimes we got the odd pearl or two. Ah've seen me dae hit in the shallower bits an if ye got a pearl, they'd buy them intae onie jewellers near. They bocht them intae Perth an away bae Granton-on-Spey. An the bigger a pearl ye got, the better it was cos it wes by the grain that ye sellt it. Ye got so much a grain fer them.

Thir wes yin they caad The Auld Snipe fer he was ay in the water an he wes like a water bird tae look at. Ye see, he done the pearl-fishin in bits. He wes grey-heidit wae a grey moustache an wes whit ye caa tacketty-nosed — ken, marks on his nose like tackets. Thir usetae be a lot done the pearlin. Auld Piggy done it. He usetae pearl-fish up the Tay Water an the name I christened him wes The Beetle Fer Diseasin Tatties. He wes like a beetle as ever ye saw. An some o them caad him The Bran Hauf-Loaf cos thir wes ferntickles on him. He wes ginger-heidit tae. An did ye ever see a ginger buddie wae thir face covert in wee dots, an the hands? Thats hoo he got The Bran Hauf-Loaf. But he wes mair like a beetle fer diseasin tatties atween the een: Auld Piggy. Oh, he usetae play the pipes an he played in tartan tae — wae the kilt on him.

Yins caad wan anither bynames fer a past-time or fer tricks. The Biachs o Crieff wir caad efter whit ye caa cross-bred dugs. Ken, dugs that run through toons sniffin wan anither's erse — crabbit kind o dugs, an veecious. They wir McPhees that come fae Crieff. Thir wes a hale lot o them an they hed pipes tae. Yin usetae play wae jest the wan drone an a chanter, an ye got them wae a hale set o bagpipes. But they said they wir the wickedest dugs o the lot. Mongerul dugs some o them caas them. They wir the auldest devils that ever standed in the Carse o Crieff. They wir an auld race, them.[27]

Then The Funkums. They gave them aa the names o the day ye see. Thir wes a hale drove o Funkums aboot Callander. Thats whit they caa them — the Johnstones o Callander. 'Hen' is a *funkum* in the Cant. Ye ken the weys o them? Did ye ever see a butcher's shop an they usetae pit it roon their windaes sometime, or roon the door, made ontae an advertisement? You look an yil see a baund o hens like a pipe baund, even wae the leader an the drummer. Well thons them when they're playin the pipes. Thats whit they caad them — The Hens. But they're ordinary folk ye ken. They played tae all the gentry, trips, an awaa tae a place they call the Trossachs. Thir wir droves o them went up tae this place, played thir pipes an got money in the summertime: wumen wae them tae. Well, it wes The Funkums we ay gien them when they wir marchin wae the pipes.

An Johnny Flea. He wes a wee man that played bagpipes tae. We seen him at Kinfauns. He wes a Whyte, Ah think. He wesnae much bigger than a flea tae look at. His mither wes a Cameron but hes fether wes Whyte, Ah think. He's deid years ago an the auld man died in Dundee. Then the MacKenzies o Rannoch; they ay got caad The Mootchies or Rabbits. Wan o the MacKenzies cam doon tae the county o Angus but he didnae bide lang an went back up again. They aa spoke richt queer. When they say thir 'fether' its 'ma ferrae'. A van is a 'ban' an a 'horra' is the horse: 'Hae ye yokit the horra tae the cairt?'.

Oh aye, thir wes anither yin but he wes a buck. They caad him Heather Jock an he usetae gan aboot Kirriemuir, ye ken, Kirrie — an he'd a hairy baird an wesna very heich. He usetae mak heather besoms: brushes. Thirs some o them maks them wae three taes in them, but he made them wae twaa — twaa taes on his besoms. They kept the heather long an wippit the heather wae wire that they tied tae thir fit or a tree. That wes the taes they wir makkin an they got a big stick an pit the heft in wan o the taes an then pit the ithers up against it fer the besom. An thats whit he made, but he made them wae twaa taes.[28]

Noo Heather Jock usetae go up the glens tae Clova, Prosen an all the glens o Forfashire. An he usetae bide at Langbank oot fae Kirriemuir yonder. He dednae hae a tent but slept oot aneth the trees wae a wee fire — in the wintertime too. An he wes makkin money wae his besoms fer he wed mak aboot fower or five dizzen o them an sell them oot.

Well, all that he bocht wes brose an cocoa. He never bocht nae tea. Well he saved up his money till he'd gotten about twelve pound or thirteen pound fae his besoms. Noo, breid wes chaip at that time — mebbe fowerpence or fivepence a hauf-loaf, mebbe less. Well he gaithert up this twelve pound an he bocht this store o breid, sometimes three or fower big bagfaes o it. Well, he'd gaun an mak mair money intae anither bit an he wes back tae the baker's again. An whit he caad the breid wes *runkum*. 'Ah'll hae tae gaun back fer some mair o that *runkum*'. Noo, he wedna tak onie ither kind o breid than the wan ye got wae a man exercisin, ken, wae pants on him on the breid. Ye usetae get that kind o breid an he wednae tak onie ither kind.

This man's picture usetae be printet in the paper aside the breid, an thats the kind o breid he wed go for. Some weeks he wed buy mebbe twenty pound an ither weeks he wed buy double that. Well it cam at the last, that the baker couldnae keep him gaun wae it. The baker hed tae keep three men gaun steady at the breid fer tae keep up wae it. He hedna two days, afore that bagfae wes finished — mebbe twenty punds worth an he wes lucky tae get a week oot o it, whatever he wes daen wae it. Yed come tae his tree an thir wes bags an bags; yed think it wes a man gaitherin brass an scrap. He'd this hauf-loafs touchin the brenches o the trees, an he happit coats an covers an even his own jaicket ower this bags o breid aneth the tree. The baker gien him string-bags fer tae hold his breid, an sometimes the baker gien him a help tae tak it doon tae this wuid whaur he bud. He'd tae tak it intae a van an bring it doon tae him an he went up tae the tap o the road an helpit the baker. The folk in the town could herdly get onie breid thirsels for him. Ah wedna be very auld at the time, aboot nine or ten year auld. It wed be a guid lang time ago.

## NOTES

1 In 1934, an experimental scheme of permit camps for tinker families was introduced in the Strathtay area of Perthshire under the auspices of the Church of Scotland's Home Mission Committee. This involved the co-operation of local landed proprietors on whose ground the camps were established, although these had been used as customary stopping-places by generations of travelling folk. The essential difference was that they would not be open to all comers, but restricted to tinker families with Perthshire connections. For the six months when their children attended school, the permit holders would be afforded security of tenure. Indeed, it was a 'primary condition' of their residence that the children would attend school on a regular basis. (Church of Scotland, Home Department Reports No. VIII, *Report of the Home Mission Committee* (Edinburgh, May 1933), p.48.)

In the preceding years, the old camping grounds had been closed in rapid succession without provision of suitable alternatives. Moreover, the housing situation was dire in that tinkers could only afford the worst types of accommodation at rents from £6 a year to 3/- a week. The depression years of the early 1930s witnessed many poorer members of the settled population going after cheaper forms of accommodation. Older, dilapidated properties were fast being condemned and this created a desperate housing shortage. Traveller families could not afford to move into housing; unemployed families sometimes sub-let rooms to them, but the Means Test effectively stopped this. Many travellers were forced back into the over-crowded camping areas which remained, there being not enough areas to satisfy demand. (Information from the 'Particulars of a Scheme for the Welfare of Tinkers in Perthshire', prepared on behalf of the H.M.C., Edinburgh, 25 December 1932.)

Although the scheme for permit camps was ostensibly concerned with education, its underlying aims were to bring religious influences to bear on traveller families, and 'to reconcile them to a better mode of life'. (Ibid., p.2.) It was believed to be a way of solving the so-called 'tinker problem' and a step towards their gradual absorption 'into the general population'. See Rev. Denis Sutherland, 'The Work of the Churches', in *Scotland's Travelling People*, comps. Gentleman and Swift, pp.14-18.

2 Col. Walter Steuart-Fothringham who was the laird of the Murthly Estate until his death in 1936, when he was succeeded by Mr Donald Steuart-Fothringham. This is a mispronunciation on the part of Sandy.

3 Mr John Hamilton was the first salaried Ranger to be appointed by the H.M.C. to their experimental camping scheme for traveller families in Perthshire. His supervision of the camping grounds included issuing and checking permits, water inspection, as well as more general welfare work in keeping with the aims of the Home Mission.

Miss Dorothea Maitland served as a Court Sister with the Aberdeen City Police between 1914-19. (It was not until July 1928 that the first policewoman was appointed in Aberdeen.) Her duties related to juveniles and women. She furnished various agencies with information relating to the general question of vagrancy, and tinkerdom in particular. Between 1931-33 Miss Maitland was an unpaid full-time investigator with the Church of Scotland. At the request of their Home Mission Committee, she was asked to enquire 'into problems of vagrancy and tinkers in Scotland'. It was as a result of her report on supervised gypsy camps at Hurtwood Common, Surrey that the Perthshire permit scheme came into being. Before 1931, her free-lance vagrancy quest had involved gathering information on tinkers from various sources, including contacts such as Andrew McCormick, the Galloway author of *The Tinkler-Gypsies*. Correspondence with McCormick between 1925 and 1932 reveals her home address as being in North Berwick, East Lothian, not, as Sandy says, in Edinburgh.

4 Fothringham House, Inverarity, by Forfar.

5 The factor of the Murthly and Strathbraan Estate at this time was Mr W. A. Rae. He had a number of addresses: Kingswood, not far from Murthly Castle; Balfionn House, on the site of the old inn at Murthly; Douglasfield,

to the west of Murthly village. (Information from Mr Nigel King, the present-day factor.)

6 One aspect of the H.M.C. involvement was the desire to foster the work ethic amongst travellers. Their traditional basket-making skills were harnessed, with the Church workers acting as middlemen for the sale of these products. Highland Home Industries Ltd., provided a retail outlet in Edinburgh. But as the Rev. Denis Sutherland points out, the Church workers 'largely failed to appreciate the importance of studying the culture and religion of the travellers nor did they see the need to consult travellers before working out their proposals — consequently applying their own class conventions to a society with different habits and values '. (*Scotland's Travelling People*, p.18.)

7 An eighty-one-year old retired farm worker from Snaigow (nr. Kincairney), was able to recall that tinkers had camped down the back road to Nether Kincairney Farm during the 1930s. (Information from Mr Hugh McIntosh, noted by Roger Leitch at Logierait on 9 March 1983.) See O.S. Sheet 53 (Blairgowrie), 1:50 000 — approx. GR 077438.

8 The Children's Act of 1908 prescribed a minimum school attendance of 200 half-days per annum. It also empowered the courts to send certain categories of children to Industrial Schools, the horror of which still remains with older travellers, since those found wandering without a settled abode were one such category. During the Bill stage, the Lords had made an important proviso that such sanctions would not apply between April to September, if (1) the child's parent was engaged in a trade or business which required him to travel from place to places, and (2) the child could produce a certificate that confirmed he had the minimum 200 attendances.

> 'And as soon as the 200 attendances were made — they were off. They would come to us for weeks before, saying: "My mother wants to know how many attendances we've got", and they would keep asking that. And when the 200 arrived, even if it was lunch time, they were off. That was the last we saw of them until the following Autumn.' (Mrs May Robertson, one of Sandy's former teachers at Torwood School.)

9 Migrant potato-lifting squads from Ireland were common in the Strathearn area during the 1930s. The potatoes were mostly lifted 'green' and put into barrels at this time. Diggers used a three-toed graip for unearthing the crop, shoving it to one side with their knee, as the female pickers followed on behind. (Information from Mr James McLaren, Dargill Farm, by Crieff.)

10 At first I thought this was a yarn whose ending was remarkably close to that of Alfred Hitchcock's film *Birds*, with its massed swarm of demon gulls intent on pecking their way into a house. However, I came upon a news item in an 1884 edition of *The Southern Reporter*, describing how a young farm worker was pursued by about twenty weasels who were 'spitting and squealing in a very threatening way'. After a 100 yard dash, the farm worker managed to outstrip 'his assailants'.

11 A considerable area of Glentanner Forest was destroyed by fire in June 1920. Sandy's reference to an hour's travel on horseback may well have

come from hearing the ballad 'The Baron of Brackley' (Child Ballad 203). The penultimate verse of the Jameson-Brown MS version is

'Thro Birss and Aboyne', she says, 'lyin in a tour
Oer the hills of Glentanor you'll skip in an hour'.

(Francis James Child, ed., *The English and Scottish Ballads*, 5 vols (New York, 1957), IV, 87.) The ballad was first printed in 1806. I am grateful to Dr Hamish Henderson for pointing out this reference.

12 Sandy's 'Scotch Crocodile' or common lizard is strikingly close to a miniature version of its namesake, *Crocodilus*, particularly in its reptilian legs. The reference to ornaments is a specific hint at 'Harry' the crocodile nut-cracker which used to bask on my window ledge and obviously attracted Sandy's attention when he came to visit.

13 Sandy makes the important point that there were regional variations in the Cant, which has been described by David Clement as a 'vocabulary of a few hundred words superimposed on Gaelic or English in such a way as to be incomprehensible to outsiders'. ('The Secret Language of the Scottish Travelling People', *Grazer Linguistiche Studien* (Autumn 1980), 17.)

The essential aim was to disguise the meaning of what was being discussed in the presence of strangers. It was noticeable with Sandy's wife in particular that cant words and phrases were partially screened by rapid staccato sentences which contained certain accessible words in Scots. But the essential cover was speed and this is difficult to reflect with the printed word. Some outsiders have believed that a strange dialect of broken Scots was being used, whereas others were completely bamboozled and thus inferred it was drunken gibberish or even Irish Gaelic that was being spoken. Cf. Jute's findings on the 'Schlausmen' or Cant of the Westphalian pedlars in the Rhineland (*Oral History*, 7, vol. 1 (Spring 1979), 56). See also Appendix V.

14 Pre-nineteenth-century practice chanters were sometimes made from bourtree or elder. In Glenesk Folk Museum there is a handsome set of handmade bagpipes dating from the eighteenth century and made from deer horn, laburnum and walrus tusk. The Highland Folk Museum has part of an improvised drone that was made by a tinker.

15 'Bagpipes with one drone are still used occasionally, and so late as the winter of 1899 an itinerant player might sometimes be seen, late at night, playing for coppers at Jamaica Street corner, Glasgow, on such an instrument.' (W. L. Manson, *The Highland Bagpipe* (Paisley and London, 1901), p.72.)

16 'The majority did it jest fer a copper. The pipes wernae even tuned right sometimes an half a drone missin — nae ribbon on them.' (John McIntyre (b. 1913), recorded by Helen Jackson at Perth on 10 December 1983.)

'A lot o them went intae the army but they had an awful job gettin away fae their ain style, because they definitely had their ain style. They were learnt wae the mouth an the chanter. They would get a set o pipes an sell them fer the price o a drink. . . . But John Stewart wes a natural piper. Another great piper wes one o the Camerons, and Henry Johnstone wes a fair good piper.' (James Laird, ibid.)

John Stewart died in 1955 and was one of the great pipers of his day — nine times champion of Scotland. See *Tocher* 21 (1976), p.167, and Ewan MacColl and Peggy Seeger, *Till Doomsday in the Afternoon* (Manchester, 1986), pp.1-3.

17 A paste of resin, beeswax and sweet oil was applied to make a bag tight. Melted brown sugar was worked into the bag to keep it soft and pliable. (Manson, *The Highland Bagpipe*, pp.381-2.) Doubtless, there were individual variations to either method.

18 Bagpipe seasoning came in a round tin with an illustration on the outside of a wild-looking kilted figure playing the bagpipes. The seasoning acted as a preservative for the pipe-bag and was available from pipemakers such as J. & R. Glen of Edinburgh's Lawnmarket. (Information gratefully received from Mr Hugh Cheape who was then with the Country Life Archive of the National Museum of Antiquities in Edinburgh.)

19 Drone reeds could become 'water-locked' due to continuous over-playing.

20 The Logan Collection was published in small supplements costing around one shilling per copy.

21 Also called Scotch Cuddies or Highland Donkeys due to their enormous packs which were often made from an oilcloth material. Stories of packmen accidentally strangling themselves with their pack straps became part of local folklore. J. M. Barrie's pedlar character in *Auld Licht Idylls* meets such a death, and Barrie appears to have based this on a fate that befell a local Kirriemuir packman whose death was reported in the *Blairgowrie Advertiser*, 5 February 1887, p.5 col.1.

22 Possibly derived from the English word for a he-goat in particular, since travellers generally looked upon tramps with disdain. But it may also be a shortened version of the Scots verb to bucker: to move aimlessly (*CSD*).

23 Corroborated by an elderly traveller in the Glenlyon area who recalled that the local Fortingal joiner made these lightweight boats for a small fee in the past. As well as flat-bottomed craft, another informant recalled his father making a coracle-type boat which incorporated a removable glass viewer in its base. The window glass was the only expense and was taken with him when the boat was discarded after a season. Up to 15 feet of water could be comfortably worked from a boat. Their weight was such that they could be carried on a man's back to the more remote stretches of water. Hear Betsy Whyte's fascinating contribution to 'The Pearl-Fishers', one of the programmes in the *Odyssey Series* devised by Billy Kay and first broadcast on Radio Scotland in 1982 (BBC Archives, Edinburgh, Ref. SA81030).

24 The pearl-fisher's joug or viewing glass was frequently improvised from the likes of a berry bucket, large tin, or an enamel pitcher. Both the glass and handle had to be secure due to the pressure from faster flowing water, the joug breaking the surface and being worked in a zigzag fashion which afforded a rapid scan of the river bed where the shells lay. See Peter James Goodwin, *The River And The Road* (London, 1985).

25 The pearl-stick is known by various names, such as the prong or tangs (from Eng. tongs). Ash was popular, with the more superstitious favouring the mountain ash or rowan. The size of the cleft could be adjusted by moving

48

the band or wipp which prevented the split from running right up the stick. Lucky sticks were prized possessions, some being ornately decorated.

26 In his unpublished autobiography, Charlie Riley refers to a party of itinerant pearl-fishers who travelled remote bridle paths, carrying their gear in a custom-built barrow which had a single wheel and extra-long shafts ('The White Nigger', n.d., in the poss. of Dr Hamish Henderson.)

27 The MacPhees are regarded by some as the 'original' tinkers — the 'first on the road'. Certain travellers regard it as an ill omen to mention the name MacPhee or to meet a MacPhee on the road. Fanciful myths surround their alleged origin in the far north of Scotland. One asserts that they were the offspring of shipwrecked oriental sailors who survived to produce children mothered by prostitutes in Caithness.

28 Besom brooms made from birch twigs were used in Britain from Saxon times, at least. In Scotland, as in northern parts of England and Wales, the natural material was heather. In some remote coastal areas, marram grass was occasionally used for besoms. Like heather, it formed a somewhat softer head (i.e. the taes) than those made from birch twigs.

# Chapter 4
# Kittle Company

*They always come tae the berries; bagpipes aa nicht an singin till moarnin; a monkey in a kilt; fillin the luggie; smeekit deals in the Well Meadow; a man that tried tae sherpen a horse's teeth; useless bits o grun an quarry holes; nearly aa horses at that day; the reek aff the mull; at the neeps; speedy inflammation; Perth ring; the cairt that sunk; bae Cortachy an Clova; return tae the bug-hoose; this is a watches; as quick as onie collie; the Rowt.*

Lots o folk usetae gan tae the Berries — tinkers fae aa the different pairts an folk fae the toons, they went an aa. Ye got them fae aa pairts; they come fae the Black Isles, Muir o Ord, Orchy, Aiberdeenshire an Aiberdeen, Glesgae, Sturlin, Ayrshire — every country. They always come tae the Berries an thats whaur ye got them — Blairgowrie an Alyth.[1]

Thir wir some places ye got bonnie green fields tae bide on, an ither times ye bud in beside the berryfields, whaur the bushes wis. They wir a guid size o fields an ye usetae get a richt dose o tents an caravans aside them. All types o tents: bell tents, marquee tents an bough tents. The tinkers ay made a lot o the bough tents. They thocht the bough tent wis better in wan wey — when rain come. Wae thae ither tents, ye hed tae rise oot yer bed through the nicht an slacken them, but wae the bough tent, the tichter it is the better it is. An ye got whit they caad the Gowthens Muir [Gothens]. Hit wis a big muir an the berryfields wis aa roon aboot it. Thir wis thon bonnie bent stuff growin intae hit an all the camps wis on hit, an hit wis like a toon![2] They come in thair on bicycles, horses, cairts, motors, vans, caravans — aa kinds o things come in thair, an thats whaur ye could deal if yed money. Gowthens Muir wes oot fae Muckleoor [Meikleour] yonder on the road gaun tae Blair. When they wir drunk, the tinkers sung steady, playin the bagpipes aa nicht an singin till moarnin. Yed hear the pipes gaun aa ower an think it wis pipe baunds wae them. Some yed get fechtin an arguin till moarnin — gaun at it thirsels. Some wir nivver sober, they wir ay lookin fer the steady drink an at nicht yed hear aa the drunk boys. Ye got rough an smooth wae them.

Whit stuck in ma mind fae that time, wes gettin enjoyment in the

51

fields; bleggartin in the fields an gettin fun. We'd money fer the pictures an we liket that. Then, old men wae pownies an yokes come roon the fields an sellt sweeties, tea, sugar, breid an tabacca. In the big berryfields thir usetae be big concerts intae huts an big canteens o huts. At dennertime ye could go an get yer tea boilt or buy the odd thing. Only yin or two o the berryfields hed thae places. Ye got ithers again, they come roon sellin almanac cairds an some haundin oot scripture books.[3] Wan auld man hed a cuddie an float wae a big gramiephone ontae't. He hed a wee monkey in a kilt an this monkey a wee plaid an a cockit bonnet on its heid. It usetae dance tae reels o records ontae this float. Years later Ah seen that man an he tellt me the monkey hed gone fer his erm efter his invalid wife died. The man got his erm taen aff fer the blood poisonin, an the wee monkey wes shot.

The Berries startit aboot July fer eight or nine weeks. It wis damn poor money tae look at. But at the good berries, if ye hung in ye could mak somethin oot o it. Some years ye got them better than ithers. Bad berries wes wee an they taen ye aa the time o the day tae fill yer pail. Well, when things wes slack that way, ye wid see aa the auld wives oot sellin things an some o them beggin. They beggit intae Blair itsel. Ye wir paid sae much a pun. Some o them gien a hapenny a pun, then it come three hapennies an then it come, a guid while efter that, tae tuppence a pun.[4] Ye got wee baskets wae nae haunnle on them but the buckets wes the best. Iron buckets that wes white-washed wae some kind o pent in the inside o them. Some ye got shapet like a scoop an ye got wee buckets that tied roon yer middle wae a string an hung in front o ye. Ye pickit yer berries in that. Ye taen yer big buckets an pit them up the dreel in front o ye, an ye picked until ye come tae them. Every time ye filled this luggie — whit they caa a luggie, the wee wan — ye pit the berries in the big bucket. Every bucketfae wes weighed an ye wir paid so much a pun. A man stood on a big stage thing wae a money box. It wes at the fit o the berry dreels an wis made o wuid wae a lot o barrels ontae't. They flung aa the berries intae thon barrels but afore that, yer buckets wes weighed on a cleek wae a thing like a knock-face ontae't.[5] The buckets come up — twenty, thirty, twenty-five, fifteen, sixteen.

Blair itsel wis busy in thae days wae a lot o folk an tinkers fae aa pairts o the country. They wid swap yokes at the berryfields an swaps could tak place in the middle o the toon at the Well Meadow. If ye got them thair, ye got them smeekit sometimes an if ye wir wantin a swap, ye hed an easier deal. It wes aa tinklers' deals ye see. They wid swap yokes, pownies — even whippet dogs.[6]

If you thocht thir powny wes better than yours, ye mebbe gien a fiver aboot. The man micht say, 'Ah need the boot fae ye'. A boot horse wes a better horse than yours ye see.[7] But if ye wir short o money they made level swaps. Yin clapped his haund on tap o the ither's loof an that wes the deal ower. Thats the way they workit. Tae trick the ither, some got whit ye caad 'soopa', Ah think it wes. They usetae pit it on the loof o thir haund so as the ither boy widnae see't. They jest slapped the beast on the tap o the hip an even if it wis the dourest horse ever ye saw, he wid go. Ken whit Ah mean. Ah dinnae ken if ye can get that stuff noo or no. Efter a minute or twaa yer horse wis as bad as ever, but ye could get swaps wae that stuff. The stuff Ah seen wis yella coloured an in a box. It nippit the horse an made it go. But it didnae herm the horse onie wey.[8]

An Ah'll tell ye whit Ah did see yince — that wes a man that tried tae sharpen a horse's teeth. He hed a caravan an he an his wife wes campit oot fae Dunkel. The beast he hed wis a guid size: as heich as this tent. Says he, 'This horse wes a good enough horse when Ah bocht it, but it's went aff the mooth aathegether. Hits too auld, but it pulls the thing aaright an ull traivel. Hits his teeth — Ah wonder whit we can dae aboot the teeth?'

'Ye cannae dae nothin aboot the teeth', says I. 'When the teeth goes bad they cannae knock them doon if ye can boil meat tae't'.

'Ah but', says he, 'yed nivver get the neeps or oniething. Ye wid need a place like a piggery'.

Says I, 'Ye micht hae tae try an get yersel a piggery. Lots o them gans clean aff the mooth when they get too auld. Thirs some falls on the road an this ain micht faa on the road onie day — in the middle o a toon or at a crossroads gaun ower'.

'Thats the worst o it. Ah think Ah'll try an sherpen the teeth', he says.

Noo the mair ye sherpen them, the worse they gets. Well, he got this rasp — taen aff his jacket an buckled up his sleeves; he pit a prop aneth the beast's mooth an Ah helped him haud its mooth up. He wes a whole half nicht at it, then he says [in a quiet, imitated voice] 'Ah think it should eat noo'. He'd his teeth, Ah'll guarantee, sherper than a razor blade. But o coorse it wes NAE use tae the horse.[9]

Say ye got a job fae a fermer at that time, ye could stop at the side o the field an if thir wes a wuid, ye could get up the side o the wuid. Some fermers had wuids o thir ain. It wesnae bad fer gettin camps, cos they widnae hinner ye — na, na, ye could camp ontae onie bit near, bar private premises. In some bits o countries, ye only got tae bide fer twaa or three nichts an then ye hed tae shift. Some times Ah've seen a gamekeeper come an shift us if the laird didnae allow campin on his grun. Thir again, if it wes a heavy day o rain, they mebbe tellt ye tae tak yer tent doon on the first dry day. But ye could come tae pairts, useless bits o grun an quarry holes that they wirnae workin; well, in thae bits ye could sit fer lang enough an naebuddie bothert ye.

A lot o people workit on ferms an a lot o tinkers usetae work on ferms tae. When they wirnae daen that, they went roon hawkin, bagpipe playin, basket-makin, scrap an everything. Ye see, fermers kept thir ain men steady; cottarmen, ploomen, an down in Forfashire ye micht get a bothy that wes full o men. Thae bothymen could be plooin an daen a lot o work. Then ye hed the cottarmen. They done a lot o plooin, harrowin, cairtin an pittin tatties. When they wir workin they got thir free milk an meal. It wis nearly aa horses at that day but Ah've seen the auld tractors tae. Ye got horses in toons at that day. Bakers, fishmen, coalmen — they aa hed horses an horse lorries, floats an aa some o them. Some o the horses in the toons got hot in the feet fae runnin on the calshies. An when the road wes like a bottle wae frost, an them pullin loads up braes, they pit wee studs intae thir shods so as the beast widnae skin its knees an the whole load come doon on tap o him. Shairps ye caad thae things an they wir pit in the shods by the blacksmith.

When a horse wes on the road a while, it come tae kennin mair, but horses that wes young an jest new broke in wae coup cairts ahun them — the first time they went on the road an hed tae pass a tent or a fire reek — it wid frichten them. Yinst they passed wance they wid pass onietime. The first time they micht brek up an mebbe lash yer brains oot wae the heels. An some of the horses didnae like thae road rollers. They wir big, an made the same way as the show-engine but they dednae hae bonnie copper an bress mountin. An the thrashin-mulls. We went roond wae some o them. They hed the same kind o engine an some o them *hed* an auld kind o show-engine. A big thing wae four wheels come ahunt wae a pullin-bar an a big sail[cloth]. This wes yer mull. You meetin this, ye wid think it wes a great big caravan wae the wey the sail wes pitten ower the tap o it. When they taen the sail aff it wes level on the tap. Ye went on the tap o this an anither man wid be flingin the shaiths up ontae hit wi a fork. He flung up, Ah gripped them — then ye hed a knife wae a string ontae't an ye jest cut the shaiths an flung them ower tae another man, an he pit them doon the mull.[10] Ye hed tae watch an haud yer feet ontae't fer ye could o gaun doon through the works on tap o hit an been cut in bits. Ye wid hear the noise o the mull — thick belts, thin belts, cogs an fan wheels — aa beltin awaa at wance. The reek aff yer engine tae. Hit wes like train-reek. Thir wes some noise aff yer mull. Ye wid hear aa the squeaks o the day, chains rattlin. Folk runnin back an forrit wae buckets tae keep the mill gaun wae water fer some mulls hednae a barrel. Ye micht get that job tae dae an Ah'll tell ye, wumen workit at the mull. It wes guid in wan wey — ye got whisky, yer denner an yer piece fae the fermer. The men that workit the mull got whisky, beer an aa.

Aside yer mull-bit whaur the men stood on tap, wes the cairt. Ye see, yer mull threshed yer coarn fae the stacks. Ah've seen langtails fleein aa ower the place an yince at Bankfit [Bankfoot] this big brute o a langtail bit a collie twice in the mooth. Yin o the fermer's men stuck the brute wae a twaa-pronged fork. A lot o thae beasts come aboot the place when the stacks wes being cleared. Anither job on the mull wes cairryin the cauf awaa. Yer coarn come oot the mull an wes pitten intae bags as meal fer hens, horses an aa that, strae fer ponies an cattle, but Ah dennae ken aboot the cauf — whit they done wae hit?[11] Thrashin-mulls went roon a lot o ferms in Perthshire an Forfashire at that day.

We done casual fermwork — no steady even on, but sometimes if the fermer needit us. Mebbe ye wid wait on fer the berries but Ah've seen us dae the neep thinnin an we shawed the turnips tae. Ye hed a thing fer cuttin them — a tapner — bent like a heuk fer gress. If ye taen two dreels up an two dreels doon, that wes yer raw. Whit ye done wes cut the nebs an shaw aff them. Ye stoopit doon as ye wir gaun along.[12] Then sometimes ye got dung-spreadin wae forks or a graip. At that time ye only got a hapenny fer fower heaps an at the neeps ye got aboot 4d a hunner yerds, accordin tae the ferms. But the best wes the thinnin o the neeps fer ye could work late at night on clear nights. The worst wes the potato getherin. Ah nivver liket hit. Some tatties ye got awfie thick intae awfie lang bits. If they wir needin yin on the cairt cos they wir short, they micht ask ye, an ye got double money fer the cairt. Thae baskets wid be foo up tae the necks an bad tae lift. Ye hed tae keep them gaun fer tae lea them plenty baskets fer the bits — yid tae hing in at it as quick as ye could. On the big ferms yed be sweitin tae; sweit pourin aff ye, so it wid. Some o the boys wid be packin them so that they wir faan ower the neck an it wes murder liftin them. Ah workit on ferms in Perthshire at Bankfit an gaithert tatties roon the Braes o Tullymet an doon again at a ferm caad Rottenmell [Rotmell], Coupar Angus tae.[13] The fermers doon the wey ay paid mair than them up in the heicher bits. An Parkhill ferm, Ah've workit thair at berrytime. That's abeen Blair an Rattray. On lots o the ferms Ah nivver got the tickets, ken, Ah couldnae mind the names o them. Some dednae even hae tickets ontae them.

Then Ah've seen us traivel richt doon The Smaa Glen. Ye pass Amulree an ye come tae Gilmourston [Gilmerton]. If ye like, ye can strike doon afore that by Logiealmond tae Almondbank or Luncarty. Up aff the road fae Gilmerstoun thirs a place they caa West Fowls [Fowlis Wester] an hits an auld toon. Hit sits away up aff the road an thir wir thae Heavenly Dancers, ken, gaslamps in this wee townie. Instead o haen iron lamp-holders, thae yins hed wooden standards wae a globe intae them. Some o the gless wes oot o them but Ah mind it

55

wes an auld fashioned wee town wae a whisky shoap. Ye could camp onie bit near in that place.

Ma fether bocht a horse yince at the Brig o Kinkell. Thats atween Crieff an Auchtererder. We wir campin ower in Medderty [Madderty] an a man come oot tae wir camp wan Sunday an brocht up a whole yoke tae deal. It wes a white powny an a good size o taickle. Ma fether dealt wae that man an on Monday we went tae Crieff. The horse taen whit ye caa inflammation. It wednae tak coarn or bran an wes sweitin. A man hed a look at it an says richt enough, it wes speedy inflammation. Thirs anither name fer it — the batts. The road we hit back wes whaur the vet's hoose wes, but the vet wis awaa a lang road. Afore we got back tae wir tent, ma fether let the horse oot fae the cairt an pit it in a field. It ran roon this field, kickit in the air but it wes the trouble that done it. That wes the wan time a horse deid on us. If we could o got haud o a vet we could o kept hit. Hit got the speedy inflammation aff deid tatties ye see.

Thirs no man can tell the inside complaints o a horse, bar the vet. You could tell the ootside o them aaricht. Ye get them bumpit — knots on tap o thir knees — an workin horses gets that fae pullin loads up braes. An yil get them whit they caa spevit.[14] The hind leg gans ootside the wey o its traivellin. An a horse wae canker in the fit has it richt in the floor o the fit. Hit begins tae mite, an the sole o its fit gans the same as bad beef. If it tramps on the grun wae the sole o that fit, then it wid smit folk or onie ither beast. Aneth the horse's fit they pit a pad; they cut roon the hoof an fill it wae Angel Tar, cos ye see, the horse's fit is eaten awaa. This Angel Tar wes pure black an sticky.[15]

Ye could get a powny intae the Perth Ring at that day an it wes fortnicht sales they hed. Some weeks ye got them fer a tenner an ither weeks they wir twenty pound. Ye got them up tae as faur as they went but ye dednae get nae mair o a horse fur yer twenty pound. Some horses ye got better fer the ten pound. Ye hed tae risk it. But some ye got a guarantee wae — fer a ploo or herness. Ye carried this warrant in yer pocket an if yer horse widnae dae, ye could gaun back an get yer money back. When ye bocht this powny thir wes a number on thir hip. The sale wes a good length fae wan end tae the ither an thir wir two men; wan stood wae a lum-hat an he'd a whup an he gien the horse a whup tae see that it wis durable, an hit ran up tae whaur the ither yin wis standin at the ither side o the sale. He turned it an it come doon tae the fit again. That wes the way ye seen it work. When ye bocht yer horse then, wae this ticket, ye come oot tae the gate an hed anether half-croon tae pay afore ye got yer horse through the gate.[16] Ah dennae ken whit that wes fer? But fer aa we bocht in the Perth Ring, we met yins like wirsel an if they wir short fer money, they wid mebbe sell ye a yoke. If ye sellt that yin, ye could go tae the sale an buy anither ain.

Yin time we come up a hill that wes oot at a place they caa Marlee. Thats oot fae Blairgowrie. We thocht it wes a guid enough road tae go fer it wes a nice road tae look at. Ma mither hed been on the road afore but no ma fether. Well, we wir comin up wae a big chestnut powny an we hed a guid cairt wae aa the stuff ontae it. Ye see, we wir takin a near-cut tae Brig o Cally. When we come tae the tap o this road, we come intae nothin but heather an big holes o water. The cairt sunk away doon ower the naves fer it wes like boags, ken. Ma fether hed tae lowse the horse fer it wid o broke oot itsel. He hed tae tak aa the stuff oot the cairt an pit them in big bunnles an he flung the bunnles ower the tap o the horse. We hed tae lea the cairt on tap o the hill an go wae the bare horse across the hill, till we come doon on tap o Brig o Cally. So we knockit the things aff the horse's back an ma fether pit up the tent. Says he, 'The moarn we'll go back fer the cairt an tak hit back by Blair'. We went back ower the same road an pullt this cairt oot the boags, yoket the horse an went richt roon by Blairgowrie an up by the Bridge o Cally.

We usetae gaun up Cortachy an Clova tae in the summertime. Yin o Lord Airlie's hooses is doon aneth Cortachy an he's got anether hoose when ye go oot fae the Dens o Alyth. Ah mind me and an uncle o mine pittin a whole plantation on fire! Ah mind o that. He wes aulder than me ye see, an thir wes twaa o us thegither up aboot Airlie Hoose: but it wisnae me that done it. We wir just wir twaa sels an hed pipes but nae cloots fer tae hap us. A fermer gien us a whole big load o bags. It wes a summer's nicht an we went aneth the trees wi the bags, happit them ower us an made a big fire. It wes ma father's brither that wes wae me. It wes a warm nicht an wes dry. Did ye ever see yon bonnie fancy gress wae white taps ontae hit? Well, it wes growin through the plantation an the plantation taen the whole hill. It wes the Lord o Airlie's estate it wes intae. We heard it wes intae the papers but they nivver got the names o the wans done it. An Ah've seen us crossin Glen Muick in the summertime. It wes jest a pad though, an ye couldnae tak ower nae barraes or prams. A road went up fer a good bit an then it come tae just a bridle-pad. When ye come up tae the tap, thir wes nothin but a shepherd's an a shootin lodge.[17] The shootin lodge wes waste in the summer but people usetae come up tae it aboot hervest time. Ye cross this an it taen ye doon tae Glen Muick. Thir wir wuids ye come ontae an a road. Ye could keep richt doon tae Ballater an Abyne [Aboyne]. We done that on foot an Ah've seen me an ither mates gaun ower thair oorsels wi the pipes. But it's a lang time ago since Ah went ower hit.

Efter Ah left school a guid while then — ach, Ah went awaa fae ma fether an mither. Ah went roon here an thair. The first time Ah went awaa they wir pittin police efter me. They didnae ken whaur Ah went.

Ah jest took aff wae an ordinary blanket tae sleep in, or a bit coat tae hap masel ower. Ah wesnae feared tae gaun onie bit. If Ah couldnae manage ower a hill, Ah wid sleep on the hill at nicht an Ah slept intae wuids or oniewhaur Ah got. When ye come intae toons ye got places then tae go intae. Ye could get a place at that time fer 1/6d a nicht.[18] Ye got some rough enough places, but if ye kent whaur thir wir mair cleaner places, ye could get them. But thir wis some o them awfie rough. Thir wis yin in Dundee thair. Me an anither boy that wes wae me went intae hit. Ah hed pipes an it wes an awfie nicht o snow. This ither yin come wae me fer company.

So, we went intae this lodgin-hoose an paid wir bed. Thir wes a shoppie inside up a stair an ye could buy a pennyworth o tea at that time. Ye could even get yer tea boilt in the shoap an oniething you liket ye could buy at that shoap. Rose's Home they caad this place. It wes the worst model *ever* Ah seen tae the last! Ye went up an thir wir bunks fer beds. This bunks wes made intae places like a cell, wae wuiden doors ontae them like the door o a shite-hoose gaun in. Thir wes nettin abeen the bed an Ah went in fer tae sit doon an tak aff ma boots on tap o the bed. Ah left ma pipes on the pillae till Ah got ma boots aff. God bless us! — it wes traivellin this wey; the very pipes wes liftin wae hit. Whit let me see wes a big windae that come oot fae the side an aa the lichts o the toon shined intae this place. The ither mate wes in anether bunk an Ah roart tae him, 'Com'ere till ye see this!' He come ower wae a bit caunnle tae see whit this wes. 'Oh God bless me!' says he. Well look, we tellt the boy o the ludgin-hoose we wir gaun. The ither boy that wes wae me says tae the boy o the lodgin-hoose, 'Come up wi me an Ah'll show ye't. We couldnae lie on hit fer it wes an awfie state'. So he taen this ain up tae the beds. Says the man, 'Well it's no me tae blame! Ah nivver gans aboot thae beds'.

So we got oot the place an the ither boy, he went tae Fife. Ah wes gaun tae Perth. Ah met this police an they hed helmets at that time in Dundee. 'Whaur you gaun on a nicht like this Stewart?. . . . better come back wae me an Ah'll get ye intae Rose's Home whaur yil be better fer the nicht'. Ah didnae want tae tell aboot it ether, but Ah says Ah wednae gaun back.

'Whit's the dae wi hit?' he says.

'Thir's nothin the dae wi hit', says I. 'If Ah could get tae Perth Ah'd get in the nicht yet'.

Says he, 'Ye'd never manage fer ye wid be smothered on the road. Come back wi me an Ah'll get ye in. . . .'

Well, when we wir gaun up the stair, Ah says, 'Would you gan in?'

So he gauns up. He looks at the first bunk wae his torch: 'Oh no! Ah widnae let a dog bide in it. Folk ull get eaten away wae the force o verrimin. This lodgin-hoose is DEBAURRED!'

Every bed wis the same. Ye ken, thir wir auld boys that wir tramps an they wir intae thae bunks. Ye wid hear them scrapin away at thir skin an yin wid say tae the ither, 'Well if I'd the sulvirr I wednae belang here'. Well, that place wis barred. The beds wes pitten ontae a midden an flung intae the sea. It micht be doon noo, Rose's Home, fer it wid o smitten aa o Dundee.[19]

Ah've seen me awaa mebbe twaa months or a month, a week or a fortnicht — an come back. Ah've been through Glesgae an aa, wi mair mates wae me — tinkers like masel that usetae go aboot thegether wae pipes. We usetae tak things tae hap us an we could sleep onie bit, but if it wes cauld weather an us intae toons at nicht, we went intae them places. But Ah never got yin in ma life like Rose's Home. We could go roon the toon durin the day an play all the pubs an bars an streets up an doon.

Thir wis yin o thae box-players that Ah can mind o tae the day yet, an auld wife that traivelled aa through Perthshire — country bits, toons an aa. Cackie Eppie ye caad her. Her face wes the colour o dog's shite, yella coloured like an auld monk's caunnle that dreepit doon at the sides. She played an auld melodeon fer pennies but she didnae really *play* hit, fer she hed straint the keys o the box by workin it too much up an doon. She hed aa the newspapers o the world stuffed intae the sides o this box an on her feet wir a pair o auld boots that buttoned wae a hook. Her auld frocks come awaa doon aboot her ankles an she usetae sing as she workit this auld box oot an in:

'Whaur o you been aa the day—
This is a *watches*, this is a *watches*'.

She meant it wisnae a guid wee village — a *watches* — fer folk wirnae gien her money: the hantle wir nae use. If they come oot though an gien her pennies, she'd sing—

'Whaur o you been aa the day—
This is a darlin *gav*, this is a darlin *gav*'.

Thir wes anither auld wumin but I dinna mind o her. Ma father heard aboot her. She belonged aboot the Black Isles an they caad her Ma Nose Is Cheese An The Dug's Chowed It. This auld wumin wes sittin on a box crackin tae them an she gien three farts — let three farts aff, ye ken, fae her erse: 'Oh, excuse me men an women, Ah'll hae tae gung fer a chair ' [meaning *jeer*].

Ye got rough yins an aa kinds through. Sometimes ye got them in bits o claes — knees oot thir troosers, hardly a backside in thir troosers — but then sometimes ye got them in good auld troosers an jaickets, jest hooever they got through. Thir wes yin caad Yella Andra an he wes the colour o strong tea an come fae the Muir o Ord. He'd a bonnet like a hauf-eaten pancake. His bonnet hed an air-hole fer every day o the year; it wes aa holes whaur he'd been takkin aff drums wi hit.

Then thir wes anither man usetae go aboot Blairgowrie a lot. They usetae caa him Willie Two Number Two. He'd a fashion o snappin flees like a collie dug. Ken the flees that ye see on summer nichts an them comin very thick whaurs thirs bushes or oniething. Ah've seen him drinkin wine wae us, an the flees comin in aboot. He could snap aboot a hunder tae the blaw and he never swallaed them till he'd a heap in his mooth. An he could nip them as quick as onie collie could dae it, bar that he swallaed them an flung the wine doon on tap o them, richt doon intae his inside.

Noo, thirs a wee toon up abeen Perth they caa the Tattie Brechin Toon. Its jest a wee puckle hooses that sits up on the Hill o Corse [Corsiehill] abeen Perth. Ye come ower fae Bridgend an thirs a hill strikes up. Keep on that hill tae the tap. Hits a big steep hill that gauns up an thirs a monks' place up thair. Well, ye pass the monks' place an ye see all this big place fer parkin cars, an thirs ay bins at the sides fer emptyin papers an rubbish. They're aa in a raw. Noo, thirs pads gauns up fae this bins an yil see the pads gaun through the woods. Yil come tae Kinnoul Castle but its a dangerous bit if ye dinnae ken hit. The Tattie Brechin Toon is at the end o the bins road. Yil see a few hooses thair an a big hoose at the tap. It usetae be Lady Smith that wes in it. Thir wir two sisters an they bud in it, but they're deid now, an anither gentleman wae a kilt got it. Go up a wee bit an yev got a keeper's hoose an anether yin jest aside it.

Ye look doon aneth an yil see a lot o new hooses buildit and an auld road gaun doon. Thir wes a man they caad The Rowt an he bud aboot Perth an wes ay up at thon Tattie Brechin Toon. He tellt me first aboot it, fer he usetae gaun up an get boiled tatties at it. A hoose usetae gie him boiled tatties in a newspaper, an tea. His richt name wes Donald Whyte but The Rowt wes whit they caad him, fer he wis an awfie man fer boiled tatties: he wes an awfie man fer his inside. Ever since that it got Tattie Brechin Toon.

Noo he drunk this blue coloured stuff like spirits. Ye mix it wae a drap water an drink it. But its awfie strong! Thirs folk gotten deid wi hit. The Rowt, he drank it when he wes short fer drink. It wes chaip an he got a bottle at a chemist's fer aboot 1/6. But it wes a dangerous drink. It wed pit ye away awfie quick.

# NOTES

1 'After the war (WWI) I had come to stay in Dundee where the unemployed rose to thirty or forty thousand. Most of the unemployed went to gather potatoes at 1s. 6d a day. Failing that they went to the "Berries" to earn a few miserable wages.' (Dugald Munro, *King of the Poachers* (Dundee, 1975), p.4.)

Besides people from the cities and towns, the travellers made an annual pilgrimage to Blairgowrie, famous for its crop of raspberries, with large family groups arriving from all over Scotland. At certain times, Blair took on an atmosphere that was not unlike Ireland's famous Puck Fair with a wide variety of street pedlars and, it was occasionally reported, base coinage circulating in the town (*Blairgowrie Advertiser*, 28 July 1906, p.5.) In the season of 1929, it was estimated that approximately 5000 of a floating population had converged on the soft-fruit farms around Blairgowrie, excluding those in other areas. (*Report of the Home Mission Committee* (May 1930), p.24.)

2 The dense cluster of assorted tents, caravans, huts and shacks gave the larger berry camps a shanty-town atmosphere. An article in a 1911 copy of the United Free Church's *Missionary Record* commented on the appalling accommodation that was provided for pickers, although it noted an improvement in the Essendy area where 1000 pickers were said to be 'comfortably housed'. Generally, travellers used their traditional tents or those provided by farmers, the huts and sheds being used by pickers from the cities. Gothens was one of the larger berry farms and had a resident Church Missionary stationed on site; evangelical missions had long been connected with the berry pickers, as with other migrant workforces found on large-scale projects such as the Loch Awe roadworks, and the Rannoch Hydro scheme.

3 The British Gypsy Mission, for instance, had large print parables with titles such as 'The Red Tinker's Bible'. Food canteens operated on larger farms such as Parkhill, Welton and Blackhall. These were run in certain cases by the Church of Scotland, and staffed by local women.

4 In July 1911 the general piecework rate was a ½ per lb. Sixty years later the wages averaged 2½ to 5d per basket (2 lbs) on certain farms. The latter figures were pre-decimalisation and are taken from J. R. Baldwin, 'The Berries', *The Scots Magazine* (October 1972), p.12.

5 The crop was mostly emptied into 1 cwt. barrels which had the name of the farm stencilled on the side and were painted in the respective farm colours. 'Even here the pickers were cheated right, left and centre; short weighed by the farmers who gave them their wages. Any trouble and you were put off the fields and black listed.' (Munro, *King of the Poachers*, p.4.)

To balance this, it was far from unknown for pickers to gain extra poundage by concealing stones in their buckets.

6 'The Well Meadow during the Berrytime wes the main place. My God, Ah've seen some weys. Ah yince seen ma fether gaun away wae just the bare float an harness an he pulled it oot himself. They wir ay swappin an dealin an buggerin aboot.' (Alexander Reid.)

61

'Thir wes battles made wae it ye ken. Ye'd see the yin fightin the ither, the ambulance haen tae come an the police stannin an no say'n nuthin — the yin kickin the ither in the kneecaps. They wid even tak the teeth tae wan anither! The *Tearlachs* wid dae that. They hed nae knees in thir troosers, thir bunnets aa burnt an bits o boots on thir feet — tied across wae bits o wire.' (Peggie Stewart.)

7 'Young work horses and donkeys were sold to farmers or "swapped" for older, tired animals plus a sum of cash known as the "boot".' (Gmelch, *Tinkers and Travellers*, pp.34, 36.)

8 There was no shortage of tricks or devious manoeuvres to off-load a beast that had been giving problems. To put a lack-lustre or worn-out horse through its paces, a number of unscrupulous devices were used by some of the equally unscrupulous characters. A quick jag with a concealed needle or other sharp instrument was one of the basic ploys. The animal was sometimes enlivened by irritants such as pepper being slapped into its rectum, or fiddle resin that was concealed under the seat of the britchin and aggravated the animal by tugging its buttock hairs. Sandy's word 'soopa' might be for sulphur, as in flowers of sulphur, although the effect described would be doubtful.

9 What is being described here is an aged nag with worn teeth. Highly unscrupulous people would sometimes make a crude effort to disguise the age of a horse by filing the teeth, which was an act of cruelty. A form of rasp was employed to rub the sharp ends off and this was acceptable. But as Sandy well knows, to sharpen a horse's teeth so as to help it eat is absolute bunkum.

10 Referred to in Scots as lowsin. The lowser was the person who cut the bands on the sheaves before they were fed into the threshing mill.

11 Bothy lads and fishermen used the chaff for stuffing their mattresses.

12 See Angus MacLellan, *The Furrow Behind Me: the autobiography of a Hebridean Crofter*, ed., John Lorne Campbell (London, 1962), p.40.

13 Mr Ian MacDiarmid (b. 1909) who formerly farmed Rotmell, near Dunkeld, recalled that in the past he employed tinkers on a variety of seasonal farmwork, including the gathering of potatoes. He also added that they were good workers under supervision.

14 Bog Spavin is a condition found most frequently in cart horses, and Clydesdales were particularly susceptible to it. Mr Willie Birrell, a wood contractor who is based in the Tulliemet area of Perthshire, still uses horses for dragging timber in the woods. According to Wilie, visible swellings can accrue on the knees of a horse that has been overworked, or where it has inadequate bedding and is forced to lie on a hard surface.

15 Canker of the hoof cannot be transmitted to people and it is doubtful whether other animals would contract it as easily as Sandy describes. The 'bad beef' description is entirely consistent with the symptoms of canker — the hoof becomes mushy and begins to smell. (Information kindly given by Mr E. A. MacPherson, Lecturer at the Royal School of Veterinary Studies, Edinburgh University.)

Angel Tar (short for Archangel Tar) is a wood tar paste with a texture like soft soap. It was used for treating a horse with 'bealing feet', although it was more likely to help the beast than cure it. An old gypsy cure for broken-wind in horses involved a mixture of wood tar, aniseed and treacle.

16 MacDonald Fraser and Co. Ltd. held fortnightly horse sales in Perth, and also special sales for unbroken horses each February. During the 1930s, an average pony might fetch between £10-£12, but prices rose after 1935 to as much as £40 for a decent cob. These sales were attended by farmers, 'vanners' (i.e. traders who used delivery horses), 'coupers' or horse-dealers, as well as tinkers.

> 'The tinkers were in a class by themselves. You knew them with their mufflers on and they weren't very well dressed. At Market, they'd congregate and haggle amongst themselves. It wasn't right to buy a horse before it went through the sale, but if it is withdrawn you could have a private deal as long as you went back and told the auctioneer, so that he wouldn't charge commission. The tinkers wouldn't do that — they worked with hard cash, but were straight, unlike some horse-dealers who sold horses that weren't fully warranted.' (Robert Robb, Broxden, by Perth.)

The commission charged on a sale was 3d in the £. Sandy's figure of a 'half-croon' may have been the commission on a horse valued at £10: Perth Ring was long and narrow, each animal being put through its paces on an individual basis and very likely to the crack of a dealer's whip. Usually, the horses had a number on their rump. The individual with the lum-hat could have been a vet (or possibly a rogue Burker?).

17 Marked on maps as 'Allt-na-guibhsaich', the lodge is owned by the Royal Family.

18 'There is good reason for thinking that the barriers between tinkerdom and vagrancy are breaking down. Young tinker men are tending to leave their parents' camps and take to the road singly. They consort with other wayfaring men and become merged in the tramp category. They may mate with women tramps, to a great extent losing many of their tinker traits, and drift into the ranks of those frequenting the lower class of lodging houses. . . .' (*Report . . . on Vagrancy in Scotland, 1936*, p.41.)

While the above presents an example of the official 'outsider' view, it would be unwise to lay too much emphasis on its somewhat sweeping assertions.

19 At first, I was stumped by the name Rose's Home which did not appear in any of the old Dundee Street Directories. With the help of an eighty-five year-old informant from Dundee, Mr Peter Taylor, I discovered that this was the street-name for a large lodging house in Commercial Street whose one-time proprietor had been a certain William Rose of Cambuslang. The formal name of the place was the Commercial or Trades Hotel. In May 1918, the licence had been revoked on account of over-charging — 'charging sums exceeding sixpence per bed per night' (*Register and List of Lodging Houses from 1899*, City of Dundee Archives, p.45). The licence was later granted and it remained one of Dundee's larger 'models' with registered accommodation for 246 persons. The layout included a communal kitchen, a separate keeper's kitchen and a warder's room in the

attic. A District Sanitary Inspector's Report in 1932 confirmed Sandy's colourful description of the dormitories with their cubicle sleeping arrangements. Repeated inspections were made of Rose's Home and during the war years it was recorded that 'on occasions action was taken to obtain the cleansing of members of the itinerant fraternity' which may lead us to conclude that Sandy's story has a reasonably sound base. (Dundee Sanitary Dept., *Annual Reports 1939-45*, p.35.)

# Chapter 5

# Black-Oot Nichts

*Married durin the war; the minister; kennle the fire wae ma call-up
papers; strange bits o country; wine an a drap o beer; if yin police got
ye; the pain in yer feet; cloots tae keep us warm; a hidie-place at
nicht; bits o sassages an scrapins o ham; back wae the wife; intae a
place they caa the Sloggs; even a dug wid hae mair brains; the
gravedigger gien a warnin afore death.*

Durin the war Ah got married.[1] We wir in Dunkel an she [Peggie] said
tae me, 'Ah think we'll gaun an merry noo'. Ah wesnae very auld when
Ah met her — aboot thirteen or fourteen. Her fether kent ma fether an
mither tae, ye ken, an Ah kent her fether fer years. They campit up at
Spittalfield an doon the country tae, aboot Dunsinnan Wuids oot fae
the Auld Snipe's Toon [Wolfhill]. Ach, they went aa roads in the
summer tae — aa roon Perthshire. Hit wes the Reverend Patsy Gillies
that done it [i.e. married us]. He usetae be ower atween Dunkel an
Burnim, an the church wes in the graveyaird across fae the school. He's
deid noo. After his first lady died, that minister got anether yin ower in
Glen Devon. Ah seen him efter that at Abernethy an he wis crackin tae
me. He wes still in Dunkel at that time, an that wes afore he got this
ither yin. Efter that, Ah got word that he wes deid — the minister that
married us.[2]

Thir wes some people fae the toon at it [the wedding]; McIntyre an
twaa or three people o the toon at that time. Her father kent we wir
gaun tae git married, but instead o merryin whaur we wir, we went up
an married at Dunkel. She said tae me, 'We'll merry here' — up in
Dunkel. Ma fether an mither wirnae wae us, jest wirsels; the two o us
an the people aboot the place. [Conscription] Papers come fer me afore
Ah got married, but ye see, Ah hed her at the time an wes sleepin wae
her tae. But Ah went doon tae see ma fether an mither an got the
papers accidentally in: tae them they come tae.[3] Ah wes a day or twaa
wae them then, an they come back wae this papers an Ah wes tae go,
but instead o that, Ah burnt them — kennlet the fire in the moarnin
wae them! Ye see, polis come up first an taen ma name an everything.
They says, 'Thir ull be papers sent back fer ye', an then they come back
wae papers tae me. Ah got this papers. Then Ah went back tae whaur

65

she [Peggie] wes an tellt her. Her fether says, 'Yer better tae burn them an get them oot o the road'. Ma fether dednae ken whaur Ah landed, fer Ah nivver come back near him till the end o the war. Ah dednae gaun back aboot him — naa, naa, cos that's the place they wid o drapped in. Ah kent they wid look fer ye thair, but Ah got anither mate an made aff. Left the wife wae her folk tae. She dednae come wae me but Ah taen a mate; a friend o hers wae me. Ah tellt her we wid be back, fer Ah kent the bits she went up an doon ye see.[4]

She went up the glens sometimes. If we dednae get her up the glens, we got her in Coupar Angus, an if we dednae get her thair, we got her in Perthshire — Ah kent her marks — by Murthly an Spittalfield even. Ye see, Ah kent she couldnae run wi us; she wid o never run wae us in the winter at that day, cos we couldnae o wearied on roads if snaw hed o come. We hed tae mak aff fer strange bits o country an she couldnae o run wae us on the pads we taen. If we taen hills, she couldnae o come through deep snaw wae us. The ither yin that come wae me, he wes in the same boat an made aff tae. Ah went awaa as far as Argyllshire an awaa by the Black Isles, up by Muir o Ord awaa near as far as Dingwall an roon. Ye see in thae bits ye wid hardly meet a police on the road. The like o thae roads we took wir backroads, an ye could get bridlepads on hills an ye could tak them ower tae ither bits o countries. We went awaa through Argyllshire up tae the Blackmount an thir wir hillroads ye nivver hardly met oniething on. As lang as thir wir the wan shoap whaur ye could buy things fae, an plenty o thick wuids, yed nivver get touched. We went near every shire: taen backroads in Aiberdeenshire, Forfashire, Perthshire an nivver got touched.

On thir hillroads ye nivver herdly met oniething, bar mebbe the meelitry screemishin on a Sunday, ken practisin. Ye micht get them that way. It wes near ay a Sunday tae they come. Ye could pass plenty an they nivver said oniething tae ye. We dednae go wrang fer food; the rations dednae hinner us very much. We could ay get the tea. We usetae come tae places whaur thir wir a lot o folk. Ye could mebbe get a basket tae mend, an some hooses hed lots o femily an they gien ye tea an things. They hed plenty o rations wae the big family an Ah've seen us gettin tea an sugar an everything.[5] In fact, we wir gettin mair at that time o the war, when Ah wes on the road, as whit wir gettin aathegether. If ye lookit through it, things wes better at the time o the war wae us in wan wey. Ye could come tae bits in the country like a licensed grocers. We kent we could ay get bits in the country like a licensed grocers an get wine, beer, spirits o all kinds. Well, when we come across them we could hae a good time. Ye got yir wine an at that time wine wes chaip. VP or Four Crown — ye could mebbe get hit fer aboot six shullins or five shullins.[6] If we hed a shullin or twaa an kent whaur a shoap wes, we wid traivel tae it on the backroads an get mebbe

(Courtesy: Mr A. Wilson, East Wemyss, Fife)

A traveller tinsmith at work: c. 1920s.

**Plate 5**

**Plate 6**    On the road in Aberdeenshire:

(*Courtesy: Aberdeen Journals*)

a couple o bottles o wine an a drap o beer, mebbe twaa or three screw-taps an twaa bottles o this wine. Ye got screw-taps an thae wir a good size. We were fine then.

Ah could o been up in the Hielans for ever durin the war. If you bud in the richt bits ye wir nivver touched. Ah've went on through backwuid roads tae Aiberdeenshire; ye could get oot an in Forfashire wi backroads; up the Hielans tae Killin as faur as Argyllshire, intae Inveraray. Ah wes thair at the time o the last war an never got touched. Lots o places, an forbye, ye got thoosans min: hunders, thoosans and millions that desertit at the time o the war. Ye could come tae bits o country that ye couldnae get passed; naebuddie could get passed.[7] Some bits they nivver bothert ye, an ither bits ye couldnae gaun as faur as fae here tae the road but ye wir gottin. An when ye went intae a big busy toon, they nivver hardly paid attention tae ye. If yin police got ye, bar meelitry, that wes the worst o it. Well, meelitry wednae bother ye when they seen ye in civvie claes. If they seen ye wae the khaki, they wid o asked ye fer passports an wan thing an anither — if yed passes or oniething. But ye could go intae the like o Glesgae. In the hairt o Glesgae thir wir a lot o men intae civvie claes, an a lot o them wir never intae't [the military]. If they [the police] speak tae yin, they've got tae speak tae the lot, so they never bothert aboot it. They jest went passin by, bar they wir efter yin that hed run awaa an wir lookin fer him.

We kept in the toon aa day; kept up an doon the busy bits. We slept wae stuff ower us intae a hidie-bit at night whaur we kent it wes fine an dry. In the summertime ye wirnae needin tae care ether; ye could jest hap things ower ye. When we got up in the moarnin, we got intae the toon as quick as we could. It wes better gettin yer bus intae toon an jest keep up an doon in the toon all day. Awaa oot in the country, ye could ay get a hidie-bit in a wuid, or if no, in broom an bushes. Jest pit yer flack doon. Ye see, if yed o went intae places like ludgin-hooses an models at the time o the war, they wir ay lookin fer men in thair. They wir ay lookin fer men gaun up an doon intae thae places. They could get them in thair, an the names o men. Ye see noo. We kept a thing fer happin us or a tent if rain come; pit a wee tent up intae a hidie-bit.[8] We nivver went doon beaches much fer ye ay got coastguards an things like that aboot. Ah wes fly enough fer that an meelitry police.

Noo, ye hed tae watch the fires an pit them oot at the back o five o clock in winter. The winter wes the worst. Ye hed tae hae yer fire drooned oot afore it wes dark. If you wir gottin wae a fire ye wir fined. Yinst ma fether wes fined fer a fire at Alyth. It wesnae him that pit the fire on, but a sister o mine. She wes makkin tea an it wesnae richt dark, no proper dark. It wes the summertime tae. Ma fether tellt ma sister, says he, 'Ye better no kennle a fire cos it's dark enough noo, an wardens hev warned me fer fires here efter four o clock'. But she pit on the fire an she hung in too long wae the fire. It got darker an the police come up. Ma fether got sixty days for hit an they never taen her that done it. Sixty days he got in Perth. Ye see, an erroplane come richt up abeen the camp — a German plane — wae the licht o the fire: come richt ower Alyth. They wir jest up abeen Alyth on the road as ye go up by the Burns o Killerie [Kilry]. Thirs a wee shoppie an Post Office. Well, it wes aneth hit in a wood. Ma fether, he wes taen an done time fur hit.[9]

Oh the wintertime wes the worst. Ye could come tae a camp an ye hed tae shift, here an thair. Ye mebbe got a bit grun, an when it wes the worst o the cauld in the middle o winter on black-oot nichts, mebbe they'd come an shift ye. Mebbe yed be traivellin aa nicht. Ye couldnae see a bit aff the road on the black-oot nichts, fer it micht o been aa fences an hit rainin, or snaw comin doon on the tap o ye. Ye dednae ken whaur ye wir gaun tae in the dark. Keepers, an if no them, a police, micht come an shift ye. They mebbe gien ye a chance or two chances, an ye *hed* tae go. What we hed tae dae wes get on as quick as we could tae get a camp, an kennle a wee bit fire afore it come dark. If it come dark, we jest hed tae pit doon wae oor things ower us an nae mak nae tea till the moarnin. We kept twaa or three pairs o troosers an jaickets fer tae pit on. In the black-oot nichts we jest pit up a wee-er tent, then made wir bed intae hit. By God, Ah've seen us hauf-wringin gaun intae the bed — couldnae get a fire on or nothin wae the black-oot! Sometimes we usetae get gum-boots an fill them wae rags; ither times we got auld, coorse tacketty boots. If we hednae socks, whit we done, or supposin they wir thin socks — if we hed onie kind o auld woollen jerseys, we usetae rowl wir feet intae them an that kept yer feet warm a bit. Oh we hed some taickle in the wintertime.

When we hed tae shift on the winter nichts it wes murder, fair murder. Yer feet wes the worst, fer ye could ay keep yer hauns in yer pockets. An Ah tell ye, when ye come tae a camp at nicht an come tae lie doon, it wes bad fer ye never got nae fire tae heat or dry yirsel. If rain come when ye wir traivellin, ye hed jest tae lie doon the same way as ye come. Ah seen ma feet shiverin as they wes like ice: frozen like. Ye couldnae sleep aa nicht fer the pain in yer feet. Different noo when thirs nae war. At nicht we jest covered the heid wae cloots tae keep us warm, an through the day hed an auld bonnet. It wes the only thing we could dae. An we wir lucky on the black-oot nichts if we could get a tent up at aa. If we couldnae, we jest hed tae fling things ower us aneth a tree. Dednae matter whaur we wir, we went back [adj.] side-roads, ken, like glen-roads. The ither yin wid say tae me, 'If we gaun ither roads we're gaunna be buggert wae police or keepers'. We micht kennle a fire on the road, fer the roads we went — naebuddie come; jest a buddie in a horse wid see ye passin but they widnae come ontae ye. Ye see now.

If we ran oot o bullwood Ah've seen us usin broom [for fuel]. If hit wesnae too damp, ye could work hit fer it burns quicker than onie ither stick. We usetae cairry an auld bit motor-tubin an wae this an a bit paper, ye could get it stertit. We looked fer smaa bits o sticks fer they ay workit faster. If rain come, ye could pit a thing abeen it fer tae let it get sterted richt, ken, a cloot ower it or an auld bit canvas. That helped until the fire kennlet. Ah've seen me howkin a bit aneth the grun whaur it wid be dry. If ye get grun too damp it's bad tae stert a fire. Ah've seen me pittin the fire on tap o flat stane — the grun aneth stanes wid dry in nae time an ye could howk the stane awaa wae yer fit. Ye could dae it wae a thick bit tin or corrugatet irun. The grun wed ay be dry aneth hit. If thir wes nae shelter, ye could put a wee drap stanes roon aboot tae keep the fire fae gettin blawn oot; a blanket wid dae tae screen the wind. An ye could get peats awaa in mosses an thirs a different smell aff them when yir burnin them.

Afore the winter come on, we usetae gaither mair o the auld coats an tied them intae a big bag, an pit them on wir back. When we lay doon we pit some aneth us an some ower us, wae blankets next tae us. Whaur the whin wes, we got ferns aa dry, an cut a load o them. When we made this bed intae the tent we wir cosy enough. The worst nichts wes the rain. Ah wid o rather haen the dry snow, cos when ye wir traivellin on the road wae the rain ye wir killt! It wesnae sae bad when the wee tent wes up at nicht but the worst wes when ye wir traivellin through the day wi hit: afore nicht ye wir droont. Thae big thunner plumps wes the worst. If the rain wes batterin on an ye wir tryin tae kennle a fire, the thing wed be gaun oot wi ye. Ah've seen us oors an oors when we come back at nicht, an wir feets fuckin frostit!

On a fresh nicht in the summertime, what we done wes got in amongst the ferns — bedit some doon an pit stuff ower. Ye could mak yirsel comfortable enough on the summer nichts. Onie wind went ower the tap o the ferns. An Ah tell ye whit we done, come tae big fields o barley an went intae hit. We wid lie intae the barley field at nicht, get up at first licht in the moarnin an away oot fer a backroad. If we couldnae get a backroad, we taen pads an fields till we got oot on thae roads. We made roads that we could get. An supposin we taen backroads intae hills, we got the odd hoose. Some auld folk made wir tea fer us an they nivver asked us nae questions. Some o them mebbe hed an idea, but they never spoke. Mebbe the odd yin wid ask — well, we tellt them we wirnae fit fur it [the war]. 'Ach, we wirnae fit fer nae war — we wir kickit oot'. Thats the way we learnt. We could ay pick oot a hidie-place tae get intae at nicht, a barley field or if the coarn wis ripe, in amongst the stooks. The winter months we pit up a tent, plankit on a good bit fer mebbe twaa nichts. Late at nicht when we come back, we pit a wee fire on an made wir tea, then pit it oot again, got intae wir bed.

Money wesnae bad. Ah dednae tak pipes intae the likes o Glesgae; Ah watched the bits Ah done it in, an left them places whaur Ah could come back fer them. Ye could gaun away oot tae bits in the country, mebbe a wee place wi wan hotel. Supposin ye seen an auld police — he dednae bother ye, but ye hed tae risk it. Some o thae places, ye herdly seen a police. Ye wir aaright thair. Then mebbe ye went awaa tae anither place, twaa or three hooses scattered along backroads. You got on all right then, an ye could cairry on that way fine. Ah taen an ordinary bag on ma back an ma pipes. If ye come tae a big toon — in case they micht get ye wae the pipes an hae an idea that ye wir a piper fer the streets — that ye thocht they wir mebbe strict intae, ye could rowl them intae a blanket an pit them on the sheet-bag on yer back. Ye could go even through an they nivver got ye. Ah watched the toons Ah wid play the pipes intae. Ah nivver done it in Glesgae until lang efter.

The ither yin that wes wae me, he could beg an I could. But when we hed this pipes we hednae tae beg much, cos whenever ye played a tune they come oot wae the money. If thir wes a butcher's van, this ither yin could get sassages or oniething, a bit beef. It wes rationed but ye could ay get things. We tellt them we hed lost wir books [ration books] an the ither yin wid ask fer oniething at aa — bits o sassages an scrapins o ham. Ye got some good men that wey ye see. They come fae toons richt enough, but they didnae bother nae mair when they went back tae the toon; they never spoke aboot nothin like that. They jest gien it tae ye as they got ye on the road. We usetae gaun up a hill bit whaur we could see if oniebuddie wes comin aboot us. We'd spend hale days up thair ontae late at nicht. We beggit milk in bottles fer wir tea — gaithert twaa or three auld bottles, an forbye, ferms would gie ye milk intae waste-bits an ye could play a tune intae a ferm. Then ye got the milk. Ah've seen us fishin efter a spate wae a bait-hook an us gettin a lot o troots, hill-troots. Ye could fry them. We hed a wee pan an could fry things in hit. Ye could mak soup intae hit or oniething. An at that time ye got mair tins than oniething.

At that time, houses flung oot a lot o stuff: alumeenium an bits o brass. Ye could get little dumps intae woods. Thir wesnae near sae mauny scaffies went up tae ferms. Ye could go oot intae the country a bit an thir wir auld places like kilns, an they flung rubbish intae them. We usetae fill a bag wae auld bits o bress, alumeenium an stuff like that. Now, auld boys like wirsel went roon wae horses. Thae boys that come roond wid ask ye fer stuff or whaur tae get stuff. Well, you could sell them the stuff or tak them wae ye an show them whaur the stuff wes tae be gottin. They gien ye a bob or two tae yirsel fer that. Of coorse, ye

70

dednae get as much as whit the toons wid o gien ye, but we got enough tae dae us an wir pleased tae get it.

The time o the war Ah hud her [Peggie] ye see, but Ah dednae keep too close tae her. Ah'd tae keep oot o it. Ah kent whaur she wes; sometimes they campit at Coupar Angus, ither times the glens — in summertime. Ah kent the roads they went an whaur they wid come back tae. They campit oot by Guildtoon, went awaa as far as Medderty [Madderty], Forfashire, richt up by the Spittal o Glenshee an down again, then round by Kirmickle [Kirkmichael]. Ah kent they wednae be faur awaa. If they wernae at a bit, well, they could lea word in the hooses an Ah got them. Ah could get word o her fether fae folk that kent him on the roads. They kent that, an if they seen oniebuddie they kent, they wid lea word fer tae tell me whaur they went or whaur they wir gaun. Her fether wes too auld fur the war ye see. William Johnstone they caad him.[10]

At that day, Ah could get intae different pairts o country in the wan day. Ah could get tae Coupar Angus fae Glesgae, but it wes aboot moarnin afore Ah got intae it. Thats leavin Glesgae aboot dennertime in the day. Ye see, ye traivel mair at nicht an dinnae think o hit. Ah jest traivelled aa nicht, but yed be slummin fer twaa or three days efter it. Ma tramplers wes *moudit*, ken, ma feet wes fair deid. The only thing we thocht about, wes wir we gaunnae be catched. Ye see we wid o got jailt fer hit. We come upon camps o sodgers richt enough, but it wes aa thae Poles: Polish camps. Thir wir a lot o them here at the time o the war.[11] They wir in Barreltoun [Burrelton] tae, an aa roon thae roads. They wir in every country near. Ye got them away in the Hielans tae, some o them. Ye got big droves o them. When we come upon them they wed tak us up an gie us coffee, but they nivver asket nae questions aff us; if they did, we jest said we wir roond wae the pipes, the bagpipes ye see. They enjoyed the pipes mair than what they wir thinkin aboot onie ither thing: that they did. We wir feared tae play a lot o the toons but we got a lot o money in the country fae hooses. We played aa roon the country tae hooses in the waste-bits, mebbe twaa or three hooses here an thair. Then when we come ontae thae places like the camps, ye could mebbe get twelve pound fae some o the Poles. Ye see, thir wir a drove o them an they wirnae slack fer money. Thir wir generals an everything went through them, an some o them pit pounds doon amangst the copper an silver.

The last wan that Ah played at, Ah hed the wife wae me. Ah went back an got her when things wes gettin ower. Dae ye ken Laurencekirk? We got them at Laurencekirk, an we got them afore ye come tae a place they caa Drumlethie [Drumlithie] — whole lot o them thair, an Stonehive [Stonehaven], we got them thair.[12] They wir great big meelitry camps. Some o them hed big lang huts an aa things.

They asked us in thirsels; they taen us in. Mebbe we wir on the road jest cairryin the pipes aneth wir oxter, an they wed tell ye tae strike up the pipes an play them a tune. Then they wid say come up an get some coffee. Ye wid get some coffee fae them, an then they wid get ye playin; ye hed a good collection fae them. Thir wir thoosans intae it an ye could get collections aff them aa. They wid gaither up a whole lot o money an you got all this. You wirnae bad that way ye see.

Well, Ah wes intae a place they caa the Sloggs.[13] Ye can get up fae — it's abeen Laurencekirk an ye can get ower intae Aiberdeenshire fae it, an its a hill wae about two mile in the hill. We wir crossin yin night an thir wes smurrin rain, and thir wes a little new fence made on tap o a little dyke. Thir wes a thing like a little bridge wi a burn comin doon through hit. Thir wes heather at wan side o the road and thir wes a little pad like a sheep-track gaun richt intae the hill. We wir comin up the road at the time an Ah looks an sees a policeman comin through the heather, an thir wes a little pad made fer sheep. He come an he hed a rubber torch an it wes shinin. This torch wes shinin an aa jest bright, ye ken. You could hear his boots, the same as it wes squeakin, an his coat, the same as it wes scuffin. He come ower fae this place in the hill: a hollow in the hill he came oot o. He come right tae the fence an Ah tellt the wife; 'You staund thair', says I, 'an Ah'll speak tae him'. So Ah went ower an spoke tae him, three or four times, except thir wes no answer aff him. No answer!

Ah says, 'It's a miserable night policeman'. No answer. Ah says, 'It's a miserable night'. No answer. Well, she says tae me, 'Ah'm fared tae staund'. He come right doon tae us an Ah went ower the fence tae whaur he wes. He wednae talk, so Ah tried tae touch him — Ah could feel nothin. Ah feelt nothin. Now he daundered back this wee path an it wes a good bit in the heather. We hed a pram on the road at the time, an she wes frichtened tae staund on the road herself. So, I traivelled right back this path an he wes alongsides o me. When he come tae like a hollow, Ah never seen him. He went away an Ah never seen him going away: disappeared. When I come back tae this road, she wes standin at the pram an she wes shoutin at me cos this wee place wes a good bit in the heather. Thats whaur he disappeared fae me. Now when I come back tae the road, Ah wes pittin ma leg ower the fence, when here's a motorbike comin up an a police ontae't. A young police wes on the motorbike an Ah tried tae stop him tae tell him, ye see. When I tried tae stop him, he says, 'Its all right boys, its all right', an he went even on. He must o knowed aboot him — the ither police — in some wey.

Ah think tae masel, he wes killed or murdered in some wey, an that wes his spirit I think.[14] An afore we met this police on the hill, we met an auld sairgint. We come atween wuids afore we startit the hill; we met an auld sairgint an he hed a motorbike an side-car. A richt auld-fashint-like motorbike, an he hed strecht haunnle bars on hit an he hed a lamp. The lamp wes awfie dim an wes gaun oot an in. When the sairgint's licht come tae the wuid, it struck oot, an he jest keppit on. He pit his haund up tae us. The sairgint wes gaun doon this hill they caa the Sloggs. He jest kept cairryin on, an we wir passin a wuid. When we come up past this wuid we come tae a brae, an stairtit fer the hill. That's whaur Ah seen this police in the heather: the yin that wes the spirit.

Ah've heard ma fether tellin me, an a lot o auld yins that hed horses; they said if thir wes oniething about a camp, like a horse that widnae rest aboot a camp, ken, manoeuvrin aboot, kickin an flingin an neecherin — well, if ye got a horse like that, thir wes somethin tae be seen aboot that camp that we couldnae see.[15] Well, they tellt me that if ye went ahun that beast's ears, kept doon an lookin ahun that beast's ears, what that horse seen you could see. An if Ah mind, it wes a mare ye hed tae hae. Ye lookit strecht atween its ears fae the side an you could see the same. But bullocks wednae see oniething like that, fer they're whit they caa savage. They've no as much brains as what a horse wid hae: even a dog wid hae mair brains than some bullocks. Well ye see, the horse is different. It hes mair brains, an ye can deal mair intae them. Noo that wes things tae be seen aboot camps. Ah suppose thirs been somethin done in thae bits an that wes the spirit. Ye could come on places whaur somethin hed been done years an centuries ago. Yin o the camps got the name, the Hingin Strip. Thats abeen Cupar yonder, ontae a bit whaur years an years back, they tell me that men wes hanged fae the tap o the hill abeen the camp.

Yince thir wes a donkey, an it went through a lot o the auld tinkers in Perthshire, Forfashire. They swappit an sellt it ower an ower wae yin anether. This wes The Gravedigger they caad the donkey. Ye wid be sleepin at night, wan an twaa o clock when ye heard it. Lots usetae hear it diggin an scrapin at the back o the tents. The sand wes pittin awaa tae the sides, same as a grave — flung ower, same as a shovel done it. Ye wid ken in the moarnin when ye rose, if it wes a big buddie or a wee buddie; ye wid ken even if it wes a bairn. The size o the grave wes made an the same deepness wes made an the same length. Measured as the gravedigger wed dae it, same wey. If it wes a big buddie, ye kent it wes a big grave; if it wes a littler buddie, it wes a littler grave. If it wes an auld buddie that wes gaunna go, hit kent. When ye rose in the moarnin, ye kent whit wes comin aff. When they had it fer a while an seen through hit, seen the grave made — every yin that bocht that cuddie, hit wes the same wae them. You kent it wes somebuddie gaun, mebbe in yer ain camp; somebuddie belangin tae yirsels or mebbe yer friends. That graves wes made. Some hung in wae it a lang time, but

73

none o the men in the finish liked hit. It wes a good enough cuddie, good wae bairns an everything an wid come an tak breid oot the bairnsies hands, pit its heid aneth thir oxter — but that wes the worst o it, the gravemakkin. Hit kent when a buddie wes gaun tae go an it wes tae gie you a warnin.[16]

Every camp wes the same. They hed it fer years an it come an auld cuddie — fer years an years wae the tinkers, an yin deelt it through anether an sellt an swappit. No every time, but fer a good while back the graves wes diggit. An ye will get a thing, fer Ah've seen it masel — if a buddie is gaunna die, but its no very often an is jest a warnin — thir a thing like a white pigeon comes an hit traivels in front o ye. Ye cannae get hit oot o yer een an ye ken somebuddie is gaunna go.[17] Sometimes you never get that. Now thirs anither wey ye ken that oniebuddie belangin tae ye is gaunna be dead. It must be somebuddie belangin tae yirsel. Yer mebbe traivellin alang a road in the very dark an yil see the same buddie, supposin it wes yer fether — ye see yer fether traivellin alangsides wi ye. Thirs things happent that way wi folk. Ye could try an speak but it wid say nothin. Hits jest whit they caa a warnin afore death: tae gie ye an idea that some o yer folk is awaa. Hits the spirit that giens ye that warnin.[18]

## NOTES

1  10 November 1942 at Little Dunkeld Parish Church, Perthshire. The parties' usual address was entered as Rumbling Bridge which is about three miles from Birnam, off the Strathbraan Road.
   'During the Second World War many Tinkers regularised their marital status. One, who had been living with his wife for twenty-four years and had seven children by her, married in 1940 when he thought he might be called up for military service.' It was also easier for servicemen's wives to obtain allowances if they had marriage documentation. (Rehfisch, 'Marriage . . . among the Scottish Tinkers', p.131.)
2  The Rev. T. Rodger Gillies, known as 'Patsy Gillies', was minister of Little Dunkeld Parish between 1924-1974. He re-married after the death of his first wife. He died on 4 June 1982.
3  In a later interview, Sandy stated that his people had been camped in the Dunning area at this time.
4  'If the teller is to keep within the personal narrative tradition, he will have to make up a plot based on personal experience and regard it himself as representative of "the truth".' (Sandra K. D. Stahl, 'Personal Narrative as Folklore', *Journal of the Folklore Institute*, vol XIV (1977), 18.) The plot here is built around a classic 'deserter' storyline.
5  Traveller women sometimes bartered their clothing coupons for food.
6  These 'British wines' appear to be rather expensive for the period in question. Whisky was about 15s. a bottle.

7 Doubtlessly a reference to restricted war-time zones. The entire area north of the Great Glen was virtually out of bounds for casual civilian traffic.

8 The possibility of capture is the recurrent theme, and in this respect, Sandy would use a hushed or lowered voice to increase suspense. Such a device is lost in print.

9 During World War One, cave-dwelling tinkers near Wick were ordered to move as their open fires could have alerted the enemy. In World War Two, black-out infringers were usually fined. The *Perthshire Advertiser* reported a number of such cases, and violators in 1941 included those in charge of the Unionist Club, Crieff.

10 'He belanged Perthshire an ma mither, she wes born in Kinfanns [Kinfauns] on the Dundee Road oot fae Perth. Ma fether wes called Willie Johnstone an ma mither (Isabella) wes Townsley or MacPhee. Ye see, my mither wasn't mairried tae ma fether. Aa ma mither's folk, they belanged tae Blairgowrie — ken Rattray, they hed houses thair: aa the Townsleys. My mither's mither wes a MacPhee. But ma fether's fether, he was a Johnstone — Duncan Johnstone, my grandfather.' (Peggie Stewart (b. 1925, Guildtown Common, Perthshire), recorded by Roger Leitch at Lundin Links on 2 February 1983.)

11 By 1944 there were more than 28,000 Polish service men in Britain, the majority stationed in Scotland (Józef Garlínski, *Poland in the Second World War*, London, 1985.)

12 Other local forms of Stonehaven in Kincardineshire are Steenhive and Stanehive (*SND*). During World War Two, there was a Polish military camp in the grounds of Ury House which later became part of Mackie Academy, Stonehaven. (Information from Mr Archibald Watt (b. 1914), Hon. Sheriff and retired Deputy Headmaster of Mackie Academy.)

13 The Slug road is immortalised by Lewis Grassic Gibbon. It crosses the hills from Stonehaven to Banchory, passing between Cairn-mon-earn and Craigbeg (see A. R. B. Haldane, *The Drove Roads of Scotland* (Edinburgh, 1952), p.123).

Slug: a gap or narrow pass between hills. Local variant of Slock, Gael. *sloc*: a hollow, dell, pit (*SND* VIII, 345.) Cf. Slogg: a marsh, bog, morass (ibid., p.338).

14 This would appear to be derived from the belief that the spirit of the deceased in an unsolved murder would continue to show itself until the murderer was brought to justice. See also Rev. Walter Gregor, *Notes On The Folk-Lore of the North-East of Scotland* (London, 1881), p.69. Road ghosts are common in general folk-lore. Travellers appear to specialise in eerie personal-experience stories which involve a variety of apparitions of the benevolent type.

15 'It was the belief that the horse had the faculty of seeing at night ghosts and hobgoblins .' (ibid., p.130.)

16 This is an uncommon role for the donkey in folk-belief, although dice made from an ass's bones were said to be prophetic. The *helhüst* or death horse occurs in Scandinavian mythology. 'It was for this reason that the horse-apparition, or a dream that figured a horse, was always attended with great

dread and looked upon as a premonition.' (George Ewart Evans, *The Pattern under the Plough* (London, 1966), pp.194-5.)

17 White birds have associations with death for certain English families. In North-East Scotland, there was a belief that a dove which encircled a person was a forewarning of death. (Gregor, *Folk-Lore of the North-East*, p.142.)

18 Many travellers have experienced telepathic-type dreams involving the appearance of friends, and especially relatives, at the exact time of death. A powerful case for thought-direction at the time of death has been documented. See E. Gurney, *Phantasms of the Living* (London, 1986), which explores 700 reported cases in some detail. Also Society for Psychical Research, *Proceedings*, vol XXXIII (1920).

In March 1982, I recorded the following account from Mr Duncan Johnstone, Kenmore, Perthshire:

> 'I'd two cousins that was electrocuted at Strathyre. They were in tents and had a pony an trap. Anyway, they wir throwin up this wire for a television and it catched on one of the high poles and killed the two of them outright.... Funny thing is, I was in Glencoe at the time. I used to play the pipes up there for a livin. And I was lyin at night and I dreamt a dream that they were inside a hearse, gettin towed away. I dreamt the same thing the second night and then it was in the paper. The third night, I seen them in the mortuary. Wasn't it funny how that dream came to be? It was the same as I was actually living it and I never dreamt anything like that before. I never dreamt a dream anything like that before. I never dreamt a dream so — like as though it was telephoned to me, that dream. I never forgot that — how it came to be true.'

## Chapter 6
# Days Syne

*Efter the war; a bob or twaa wae the pipes; orders fer baskets an things tae mend; noo they've got combineders; the biggest prodigal in Dundee; Romans' money; the devil is on the lodge; ye can mak the jeckies speak; auld pishmolz; mair buck gadgies; a puckle ole tats; the man that danced on his dishes; seven days fer bein drunk; wan nicht at Glencarse; trapped inside ma kharki coat; the boots wes swimmin fae me; he went aff the brains as the moon went roond; years back an things as they are noo.*

Efter the war wes ower we could dae what we liket. Naebuddie bothert ye an everything wes clear. We jest pickit fer wirsel — went roond here an thair campin oot an we got peace tae bide. We wir free. We went awaa through tae see Aiberdeenshire but Ah didnae like Aiberdeenshire. The country wes awfie wearisome — ken thon hills, an Ah dednae like thon wuids. When ye come doon the Deeside tae Braemar its awfie wearisome. Me an her wirnae very auld when we come here tae Fife at first. We hed nae bairns or nothin an hev been here ever since. Ah taen a notion an she taen a notion o it an we wednae leave it. Her fether an mither wes ower Coupar Angus side an we wid take a while ower there tae see them an then thir wir days the auld yin come ower tae see us — her fether. He come ower wae us fer a day or two. We usetae spend winters here, an at that time [in the summer] we wid tak a trip up by Sturlin, mebbe round by Edinburgh, North Berwikk, Grangemouth. Oh, we usetae gaun all roads: Den o Loanheid, Glesgae, an awaa by Callander, Dunblane an awaa doon by Blackfourd [Blackford], Auchtererder [Auchterarder]. But Ah thocht Fife wes bonnier than onie ither bit. Thats whit kept me in hit — when ye lookit at the scenery, ither bits wes kind o deider lookin. At that time when we come here first, we thocht it wes an awfie bonnie bit cos thir wes sae mauny visitors, an seein the bonnie view tae the faur side [East Lothian across the Forth]. Then we got a lot o enjoyment here that we couldnae get in some ither bits. Ye wid ay see somebuddie passin by, an crackin tae them.

In the summertime we usetae gaun every road. Ah wes ower Invernesshire tae wi her — at Dufftown [Banffshire], a puckle years

77

ago. The day we wir at Dufftown it wis the Dufftown Games. We wir ower fer tae see the country an dednae bother aboot the games, but the toons usetae be busy whaur the games wir, an we ay knockit off a bob or a twaa wae the pipes. Thats whit we wir lookin fer. We wirnae lookin fer nae sports or games but jest whit we could get wi the pipes. If we hednae that we made an odd job wirsel — things we could sell or mend an sometimes ferms gien us an odd job tae dae. We made baskets tae an aathing that we got a haud o. Ye could mak creels an tattie skulls, message baskets fer ladies that ye peelt an pit lacin hannles on.[1] Ye could peel the willow when the sap wes intae hit wae a slype that ye made fae a split stick. Hit skint the willow. The lang willow sauchs are good. Ye get some better workin than ithers ye see. Ye get some that are no sae good. Away up by Dollar yil get them an they're the best workin yins. Ye get them at roadsides an at burns. They're jest like rushes an they grow lang, wae no mauny stumps on them. Ye could lace yer boot wae them. Down by a road gaun tae Blairingoane [Blairingone] thirs a bridge they caa Vicker's Bridge an whit a willows yev got thair.[2] People up in Dollar buy them fae ye an gien ye orders fer tae make them, but its five winters ago since Ah stoppit makkin them. Ah got intae ither things — when we got wir money [social security] Ah didnae dae sae much. When the cauld weather come it wes a richt bad job makkin them. Ye hed tae buckle the sauchs intae a big roond tin an boil them. We cut them in the summertime but supposin ye did keep them, they got dry an when the frost come they broke. Yer better tae make them in the summer. They'll work in the winter if ye boil them but yev an awfie work that wey.

Ah've seen ither folk at camps sort up broken clocks an pit springs in gramiephones. Ithers again wid mak thae wuiden flooers an we got baskets tae mend. Her fether an mither made them fer the ferms an we done it wae them.[3] Ye could mak a big load o tattie skulls fae canes or ye could mak them wi sauchs. Mebbe ye got a cairt shed o broken wans tae mend. They wir far better than the yins ye made, cos ye could get mair on them as whit ye sellt yer new ains fer. It come that thir wirnae sae mauny o the cane wans or them made wae willows. They made a lot o plastic baskets but afore they come in they got wire yins fer the tatties. Well ye hed a wey that ye could sort them tae. Ye got an auld coup-cairt nave an ye could lay yer skulls doon on the metal baund an strechten them wae a hemmer jest in nae time. Then ye hed nippers, an if they needed new wire or wire wes brusted, ye could pit a new bit wire in them.[4] Ye cairried new wire, an workin wae the nippers ye could get money that way. But fermers tellt me tae the day yet that they wid rather hae the yins made wae the sauchs or cane as the wire yins or plastic. Even doon St Monans here [in Fife] an in England, the fishermen could mak any shape o basket. Fer takkin cargaes o fish aff their boats they wid dae the baskets thirsel — wae black sauchs or bamboo. If we dae a wee basket, we time it — as ye go round wae yer fingurs when yer weavin, ye time wae yer fingurs — but the big baskets fer fish, when they wir weavin thon kind — instead o thir fingurs gaun roond atween the upsets its the palm o thir haund they dae it wae.[5] But some o the men wid gie a basket tae the tinkers tae pit a haunnle on.

In fact, thir wes mair work at that time for us. Near onie ferm could gie ye a job — neeps or hervestin. The hervestin wes a good job but ye see, noo they've got combineders fer aa that. Everything noo fer the go. At that days they wed mebbe come an ask us if we wir needin a job at the hervest but this new combineders spoilt a lot o the work. At that days ye done it near aa wi yer haunds, aa bar the binder cuttin it. When the rain come it made lyin beds in the coarn an ye could cut a lot o them oot, so ye could. An anither yin could come ahun ye then an tie up thae lyin beds tae let the binder get richt through.[6] It wes near aa the binders that Ah've seen. Ye hed horses yoket on hit, an things like fanners come ower efter yin anither an the blades cut the whole lot o the coarn. The auld binder ye caad hit. Thir wir twaa horses on the binder an sometimes three; a swingul-tree pole in atween the horses an straps come fae thir collar an held this pole.[7] The binder cut the coarn, then ye got the stookin. At wan time, every stook intae Forfashire hed tae face whit they caa the Whore's Tower. That wes whaur thir wes a wumin burnt years an centuries afore wir day. Every stook hed tae face hit so that the wind got it.[8] This wumin wes the biggest prodigal in Dundee an apt tae get trouble ye see. They taen her an burnt her, fer she wid o smitten aa o Dundee. Whaur that thing is [the monument on the Law Hill, Dundee] — thats whaur they burnt her. Thats whit they caa the Whore's Tower o Dundee.

At wan time ye could pick up things that wid o got ye a good bob or twaa when money wes wee. Noo yul herdly pick up stuff like that intae dumps; aabuddie is lookin fer auld copper an bress. We usetae get some good things antiquarian — bress caunnles an copper kettles — intae dumps, an ye could sell them. Thon big jampans made o copper, but ye cannae get a haud o them noo. But afore, Ah've seen me come across auld watches, even rings or brooches, intae dumps. If it wes too bad a day, we wid bide in the tent an sort things till such time as the rain went awaa. Mebbe it wes wan o thae auld sun-tents or a wuiden chair. Ah micht sherpen knifes fer tae pass the day awaa, hae a look at an auld picture book. Ye gaithered *them* aff dumps tae. Ah've seen me fundin some queer things.

Ye know Scone o Perth? Ye go through Scone a bit, an wan road ull tak ye tae the Guildtoon an thirs an auld road that if ye strike, ull tak ye through wuids at every side. Well Ah went intae that wuid yin day [for nature's call] an pit ma hand intae foog. Ye ken what a fund? Romans' money. They're the biggest money ever Ah seen an they're heavy. It's a big wuid at Scone an thirs wuids at each side. It wes aboot the berry time, an the wife an Davie wes wae me. They wir staundin on the road ye see. Nobody could see whaur Ah went. It wes very thick an thir wes spruce trees at that time thair. [Ah climbed ower] a new fence. The bushes come up thick an Ah wes hidet. Ah jest sat doon, ye ken, an ma han sunk intae saft foog; accidentally as Ah wes pullin up foog in ma han, Ah scooped up aboot a dozen o this [coins] an they wir stuck thegether an awfie heavy.[9] Copper I think they wir. They wir round an some ye couldnae see much in them — the dates wes awfie worn an they wir thicker than onie ither money.

Ye got them wee-er an ye got them bigger, an the wee-est wan wes heavy tae. They wir thick, thick made. Thir wir a ring on tap o them, like fer [example, i.e. by way of comparison with] the wooden wheels o cairts but no sae broad as the cairt got. Thir wir rows o them. I only taen twaa tae let the wife see. She says, 'Ah'm keepin them an gaunna see aboot them'. So we taen two intae the museum an the man says he couldnae buy them. So she went intae an antique shop an gien it tae the man in the antiquarians fer five bob. The man says they wir Romans' money — the man in the museum. When ye pullt this fog, it come up very gently an they wir in rows, the same as it wir a bank. Thir wes an odd fern growin near but it wes near aa foog that Ah got. An it wes level grun, very saft. Thir wir three types o coin. Wan, the wee-est, wes aboot the size o a farthin an thicker than onie other wan. Ye got them the size o a half-crown an bigger. But they wir heavier money; if ye taen two or three in yer hand they wir good an heavy. Ah know they wir copper fer they wir mouldit, but Ah scrapet wan an they wir pure copper. They wirnae bress. Ah know they wir copper, an thir wir dates, but it wesnae easy makkin them oot.

When ye wir traivellin ye wid ay fund somethin fer tae keep ye fae wearyin. Ah liket seein different pairts o country an forbye we micht come upon the like o thae antiquarians an ither things that we jest couldnae mak oot whit they wir. Ye wir ay seeing strange bits aboot places an different folk that ye wid be meetin in the passin. Days wirnae as wearisome as sittin aboot camps noo. Did ye ever see the Round Tower o Aibernethy? Hit sits in the middle o Aibernethy an hes been a prison at yin time.[10] At wan time they punished men intae hit an they jest got salt fish. They nivver got the fish till this knock rung — that wes aa they got tae eat, salt fish. An they nivver got a drink o water till such times as the snaw.

Noo, thirs a Devil's lodge, fer the Devil is on the lodge yet — gaun up by Colinsburgh [Fife] through wuids an a den, wae a burn in the middle. In thon wuids thirs a dungeon an hits made o stone. Ah think hits somethin belongin the Devil. Its intae a hollow in the wuid, a wee bitty aff the road.[11] Thirs a hoose like a santoarie — a bonnie hoose, an hits across the road fae it. Ye can see the front windaes fae the laich road. This hoose is like a place fer haudin folk thats got consumption or oniething. Ken, ye get places fer haudin folk wi smitten trouble.

An Ah tell ye, if ye get a jackdaw in the rocks ye can tame them. They're good taming beasts, ye ken. They'll tame in wan nicht an even if they can flee they'll no go awaa. Thirs wan that a man got up in rocks abeen the Carse o Gowrie an he hes it in a cage. It meets him comin back fae the shoap an flees ontae the tap o his shouder. An we've hed the jeckies. Ye can mak them speak but yev tae watch hoo ye dae it. Get a young ain oot o the nest. Ye get thir nests awaa in auld rocks, an if they're no tae faur in ye can tak them oot wae yer haund. But if its faur in, ye mak a loop ontae a bit wire an pull it oot wae yon. The young ains are a guid size ye ken. Wance yev got ain, tak its tongue oot. Hits kind o difficult fer thir tongue's awfie wee, but haud it wae yer fingur an then wae a silver sixpence, braise the tongue doon ontae the sides o the sixpence, till it splits the tongue at the point. Efter aboot twenty minutes yer jeckie ull speak.

In some bits ye get an awfie foxes. Ye can hear them when yer campit — 'Woorff Woorff'. They've a rougher bark than onie dug, fer Ah've heard them when Ah've been in the tent. At Aibernethy an Newburrae [Newburgh] ye can see them runnin aboot the fiels an they mak fer sheep. When Ah wes wee Ah mind Ah wes gaun bare-fitit. It wes the summertime, ye ken, an Ah mind ma mither wes gaun fer milk tae a hoose. Thir wes thae big cockerels an they pickit aa ma legs, that they did. They wir the sarest ever ye seen an left big lumps on ma leg, so they did. Aye, thae big cockerels ull go fer the bare skin.

Thirs a tinkler over thair they caa Midgey but wev no got a word fer them in the Cant. They'll go fer ye an aa. Ah've seen me haen tae burn rags tae keep them oot the tent but ye canna burn rags aa nicht. The smoke keps them awaa a bit. Ah've seen us in the tent an big lumps on oor face wae them. Ah've seen me couldnae get tae sleep wae them. If yer intae a green wuid wae leaves, thir awfie fer that. Past the bit ye caa Scotlandwells, thirs a wuid an Ah've never seen the like o thon. Oh my God. But yil no get wan doon at the beach herdly. But you come up intae wuids an thats whaur yil get them. An if yer on a hill yer no sae bad. They tell me that a midge only lives wan day. An he thinks his time is as long as we think wir life — Ah dinnae believe it, dae you?

An Ah've sat whaur the auld *pishmolz* wes. They're bad tae. Well look — Ah've seen me intae thon fir an spruce wuids next tae the road an yed sit on this bank, never botherin. Here, thir aa through yer claes. They could mak ye jump so they could. An at Newburrae the wappies cam thick intae the tent wan summertime. Onie kind o jam an they're

awfie fer it. They'll come tae hit fer miles — an sweet tea. An Ah'll tell
whit they'd get intae tae if ye wirna watchin — if yed a cork aff a bottle
o that red wine, ye ken. If they stung yer throat they wid kill ye. Ye see,
it stuns yer hert an yer finished then. But the bees ull no bother ye if ye
dinnae torment them.

Ken the bucks that bides intae models — ludgin hooses an mission
hooses. Well, some o them can lie aneth trees wae thir coats. They can
sleep in thir coat an they try an mak tents wae sheets an things. Thirs
some o them can mak shelters but a lot o them cannae. They jest lie
aneth a tree or mebbe get intae a mission room. Did ye see that man
Thompson in Lundin Links? Well he's yon o them. Noo thir wes a story
aboot a buck man an wumin. This wes at Stanley years ago. Thir wes a
broad bit at the roadside in a corner o a wuid, an we wir comin doon in
the summertime an it was an awfie heat. This buck man an wumin hed
a newspaper doon on the grun, spread open ye see. An he hed his shirt
aff an so had she. He wes abeen the paper an wes daen this wae it
[swatting the woman's back with the newspaper] an the paper wes
torn in threids wae the force o it on her back. She'd her sark aff an she'd
a hump on her back. An he wes breachin the *paries* aff her sark — the
louses. She wes daen the same, an thats whit the twa wes daen. It wes a
lang puckle years ago. Thirs a road ull tak ye doon tae Kinclaven
Bridge an thats whaur Ah seen them. Warm weather it was, ye ken.

In Glenisla years ago, we met this auld buck gadgie an his breeks wes
awfie wide, ye ken. They hung doon an ye ayways wondered whit this
auld man hed or what wes the dae wae the auld man — ye couldna tell.
He sat doon an startet tae crack tae ma fether an mither. He'd a drum
o tea an says, 'Oh well, Ah think Ah'll hae a bit pick now', so we wir
sittin lookin at him an he startit tae lowse the laces at his baas. Instead
o buttons or a zip, he hed ee-holes made intae his auld troosers at the
front. Ma fether turned tae see whit the auld man wes gaunna dae.
Here — he pullt this bag oot fae aneth his privates: a cotton bag that
size [large]. An look, he began tae spread the breid an butter oot o the
bag. Thats the wey he cairrit his rations. He wes a wee auld man an ma
fether tellt me he wes cried Jimmy The Navvy.

He done nothin but beggit. He beggit at every hoose he could get:
tea, sugar, breid, bits o hard cheese an everything — his *weed* at the
door, ye ken. *Kaizum* he caad the cheese tae. He never bocht a
hapenny's worth in his life fer what he beggit. He went near every
country — Argyll, an as doon as faur as Aiberdeen, Stonehaven,
Bervie [Inverbervie]. Ma fether an some o the aulder yins mindit o him
an hed been tellin me. But it wes always fer his inside he wes. That wes
his fashion, jest beggin. Then thir wes Mosopotamie Johnny. His own
name wes Ronald Whyte. Noo he'd a son caad Scone Lugs an he wes a

glutton. He usetae watch the tinkers in the towns, whaur they left doon thir things, an he jest fillt hissel. He wid run away wi the baskets like Billy the Bunter, an thats the wey he got Scone Lugs, cos he wes an awfie man fer scones an things. An sometimes he got Erroplane Lugs. They meent the wings on the erroplane wer his lugs.

Then Beest Broos. He wes an auld tinker man an the broos wes bigger than onie ither buddies — but he couldnae help that; he wes an awfie drinker though. An when he wes gaun in the buses, he usetae lea Stanley an sometimes Inverness, and ye met him in Perth.

'Well look here Sandy, look here', he says tae me, 'Ah left Tanley an hed a couple o bottles o wine afore Ah left, and ye know what Ah done?'

'No', says I.

'Ah'd a puckle ole tats on ma back an Ah jumpit the bus from Tanley. Ah flung ma two feets on the bus an whaur do ye think they landed?'

'God knows'.

'They're lyin in Perth'.

But thir wes anither auld boy. He wes stuck an he wes fightin wae his wife an they broke all thir dishes. He broke aa the dishes ower his fit — kettles, jougs an everything — fer they wir arguin an in the passion he broke them wae his fit. Well they couldnae get a dish nae way. He offered money fer an auld tin an he couldnae get it; no even an auld pan could he get in the bits he wes intae. He's traivellin three or fower days an he couldnae get nothin.

'Oh tae Hell', says he, 'Ah must get somethin'. He come along a road an thir wes thae metal milestanes. Thirs a division atween them, an he says, 'Surely tae God, Ah'll get ma tea noo'. He'd a studdie fer makkin tin and he hoket the milestane oot o the grun; he taen three big stanes an made a fire aneth, then lifted the milestane on tap. Thir wes a wee bit roost so he gien the thing a bit skoor. He made his tea intae wan side o the milestane, boiled tatties in anither an made skirlie in anither. He said the tea wes as guid as onie tea. He got sixty days fer it though. An he wid o got mair if they hedna kent he wes hungarie. That wes The Auld Bullhoarn — the man that danced on his dishes wae aggravation.

Ah'll gie ye anither ain. Thir wes a man called Jimmy Makkin Toal. He wes born in prison an he died in prison. He wes *bunged fer choarin* an he wes an auld traiveller gadgie. This stuff that he made, he made wae meal an margarine, ye ken — blaw. An if he'd onie kind o gruel, he could pit this meal amangst it an stir it in a fryin pan tae mak this skirlie toal: thats meal an margarine fried.

Yinst Ah wes intae Barlinnie — seven days fer bein drunk. Ah dednae care aboot it. Hit wes the cauldest prison ever Ah wes in. Ahint the bars wir wee windaes but somebuddie hed pit the gless oot o near

83

every yin, an when the snaw an sleet come, it ran richt ower the tap o yer bed whaur ye wir lyin. Some o them caas the yin intae Perth, the 'Perth Penny'; an some caas it the 'South Inch Housie'. Hit sits on the South Inch ye see. They caa it the *quad* tae — thats the real name that the tinklers gie it. Ah tell ye whit ye will get a word fer — the *mych-keen*. Tinklers caas the madhouse the *mych-keen*. Thirs yin in Murthly an anither yin in Perth. A lot o tinklers fae Blair wes pitten intae it. Oh Christ thir wes lots o tinklers pitten intae hit, so they wir. Women an men turned bad an wir taen tae hit. Some said thir wirnae much the dae wae them but they wir taen. Lots got blamed fer somethin they nivver kent nothin aboot an wir pitten in fer it. But thir wir a guid lot fae Blairgowrie pitten intae Murthly — Townsleys, Stewarts an a wee man caad Johnny Williamson, he wes intae hit. Och, a guid lot o folk. Some wir in till they died an some o them made their wey oot — got oot. Yins that wir in till they died got awfie bad — kind o desperate wae hit. Ah wes never intae it, but they tell me it wesnae a great place.[12]

Ye got walkin oot if ye wir safe enough tae get oot, an ye could traivel all roond if ye wir back at the regular time. But they tell me they dednae get much food intae it. They wirnae allowed much food. The food in Perth Penny wes aaricht. We usetae get tatties an mince, steak an stuff, an ye got a desert efter yer denner an we got tea. But the worst o the tea wes that thir wesnae much milk in the tea, nae sugar hardly. We usetae get milk fae the parridge an pit it in wir tea. Then ye got honey intae a wee roond jar an I usetae pit hit intae the tea an it made the tea sweet an gien ye a good drap tea. Intae Perth ye hed mebbe tae dae a wee bit job but they never roun ye. If yed no much time tae dae they gien ye a wee little job — mebbe washin the floor or ye taes oot this rid rope like sperkie twine aff stacks. Ye taes it oot an keep it in heaps in front o ye. If ye wir daen a lang time, mebbe six months or twaa year, ye got bags an things tae sew. Ah nivver got that cos Ah nivver done aa that time.


Thir wes wan nicht at Glencarse — the wife wes wae me an we sleppit intae a brickwork.[13] Ye see we wir bidin at Craigend no far fae Perth. Thir usetae be a fillin-station as ye come up fae the Friartoon yonder. Well ye went doon past a school an a raw o hooses an thir wes a place in amangst bullwuid. We could camp intae hit an we camped winters thair. This day we went intae the toon [Perth] an we got drunk, me an her, wae the wine. She said we'll hae tae get the bus back tae wir camp. Noo we hed a richt camp wae a big fire inside an hit wes made wi covers. Nicht o frost an thir wes snaw come, ye ken. The bloody first bus I seen wes the bus I taen, an Ah dednae ken whaur Ah wes gaun. They let us aff at Glencarse. When we come aff she says, 'Do ye ken whaur wir intae?'

'No', says I.

'Well it's Glencarse yir intae'.

'Oh Christ, we hae a bit back tae the camp — we'll nivver dae't!' She says, 'We'll no get anither bus the nicht, that we winnae'.

Ah considered masel — 'Ah ken whaur tae gaun the nicht'.

'Whaur aboot?' she said.

Says I, 'We'll gaun doon tae the brickie' — we usetae camp doon aside hit — 'we can bide intae hit wi a fire'. An in the inside o this place it wes full o dry sticks, aa lyin cut. What a fire we hed that nicht an wae my big coat an hers, we jest slept intae hit till the moarnin.

Wan time when we wir bidin at Craigend a whole haund wes near burnt aff me. We went up on a Sunday tae a place they caa the Hill o Corse, up abeen Perth. They wir cuttin wuid up thair. Noo Davie fund a bottle o this stuff like blue methylated spirits. I tellt Davie no tae tak it fer it wes that kind o stuff fer drivin saws, but he lifted the bottle an taen it back. It wes the wintertime an wes dark when we come back tae the tent. We hed a big tent wae the fire inside, an it wes stoned doon at the side o the tent. Well when frost gets thae big stones, it's no sae easy liftin them. Yev tae pit the stones doon tae keep the wind fae blawn it [the tent covers] up. So Davie come in wae me. The kind o lamp Ah hed at the time wes made oot o a teapot an we pit a rag through the stroop o it; we made a weeck fer hit an that made a lamp ye see. The wire wes swingin — it wes hingin on a wire at the side — an Ah'm haudin it as he wes fillin it. He let the stuff faa ower ma haund an the whole bleeze catched ma hand! Ye couldnae see yer ain haund.

Noo aa the grun's gaun aboot me — we hed just come in tae kennle the fire. He got a fricht hissel an left me in. If ye wis intae the canvas ye wir burnt aathegether, an Ah wes fared tae touch the canvas sail. Here — Ah'm keepin the haund oot like that an couldnae mak oot fer the door, but Ah did scramble the road fer the door an got oot. Ma hand wes still gaun an the worst o it wes — did ye ever see a kharki coat? Thirs ticht buttons on them an they're bad tae lowse. Well Ah hednae a button at the tap, so Ah buttoned hit wae a bit wire tae keep it shut, an the rest o them wes buttons. Ah hed tae kick ma way oot o the door an the place wes burnin. Ye couldnae see ma haund — bzzzzzz, it wes gaun an thir wes a blue lowe ower hit. The haund wes burnin. Ah hed tae pull the coat up wae the haund that Ah wes poor wi but Ah couldnae get it nae way. The coat wes sae ticht it wednae lowse. Ah only hed yin haund tae work wae fer tae smither this ither ain oot. Ye couldnae see yer ain haund — jest blue bleeze, an it wes gaitherin needles an springs, the scud o hit. So ma haund got like a stone, a cauld stane! Ah did manage tae get the coat lowse. Still it wes burnin, so Ah pullt the ither haund oot o the coat an slippit the sleeve doon — woof! The whole lot went oot but Ah'll guarantee Ah wes near hauf an ooer strugglin. If it hed catched ma claes Ah wes finished.

Anither time, the wife burnt her back but hit wes the dog that done hit fer it knockit ower a caunnle. Ither nichts when Ah couldnae manage back tae the tent, Ah've seen me sleepin ootside — in wintertime tae, an ma feet wir lockit tae the boots! Wan time Ah wes floodit at Newburgh. Hit wes through the nicht in the black-oot an me an her hed a wee drink. We left wir camp at Newburgh an thir wes a wuid when ye lea Aibernethy, wae kind o spruce an things. We got drunk an we lay intae hit wi bits o stuff tae hap us. Thir wes a quarry hole place intae this wood — what had the men dug up at the tap but a drain. It wes ontae the same bit that Ah lay an the whole drain o water come richt doon! Ah fund masel gettin cauld an she shouts, 'Look yer floodit!'. Ah tried tae scramble fer ma boots an the boots wes swimmin fae me. She wes sittin up ontae a brench like a burd so she wes ['killing' himself laughing].

Noo, thir wes a man an he went aff the brains as the moon went roond. He went roond as the moon went roond an went aff the brains aboot a certain time as the moon went roond. They wir lookin fer him intae Inverkeithin — police lookin fer him. An he wes a naval man o some kind. We were at Inverkeithin an bidin doon aneth the big railway brig yonder, at the end o the toon back fae the Forth Brig. Well, we wir beside thon erches intae bullberry bushes an two special police come intae me. They come fae Rosyth or somewhere — the naval place. They asked me: did I see such a man? 'Don't say tae much tae him', they says, 'Don't talk to him'. Ken whit Ah mean, he broke awaa; and says he, 'He goes roond as the moon goes roond'. 'Well', says I, 'hit must be daftness'. 'Yes', says he, 'and he's awfie dangerous. If ye see him, inform the police and we'll get him'. But we never seen him or nothin.

Fer the tent we hae in winter, thirs aboot twaa dizzen sticks intae it; a dizzen on either side an yer riggin-stick across the tap. Hit could mebbe be twaa sticks tied thegether. We hed thae sticks afore we come here. We cairried them ower fae the woods away ower Burnturk wey. Thir wir some o them esh, an some birk an elm. They dinnae say much tae ye fer pickin tent-sticks in the winter — when they're green. It wes supposetae be at yin time that if the young ains done onie herm, it wes the auldest yin aboot the camp that hed tae staund fer it. Bar it wes a thing that they went intae the toon an done an you dednae ken or wesnae wae them. But if they made onie mess or done onie herm aboot hedges or fences near a camp, they wed blame me for it: they'd blame the aulder yin for it.

Oniething ye see at the camp is hers as much as mine, an Davie's tae if he wants tae work ontae the things. Thats the wey. An Ah've lost ivory-mountit pipes an lost lots o things — big things like tents an covers. An odd yin got it fer me, an Ah'll tell you who wes good fer gettin them — [police in] Dundee. They could near get them back in two days. But Ah wesnae guilty o pittin the police oan. Thats a thing Ah dinnae like fer Ah've been intae hit masel — jest fer bein drunk.

Thirs lots o differences noo in the camps cos yir no gettin as mauny camps in bits noo. At that time ye could go in onie bits near, ken, broad spaces aff the road. But now thirs no sae mauny bits. Ye can't stop. Thirs ditches, fences — but if ye see an open space ye can ayways get a nicht some wey. But thirs some roads ye come an thirs fences [on] wan side, big bankins on the ither — mebbe pavements an yin thing an anither. Thats whit kills ye. But away up bae Yetts o Muchart thirs ay broad spaces ye can gaun intae, an bits tae camp yet intae. But at that time we could get lots o places; but noo, things is sair altered. Ye can hardly get tents up at nicht.

An ye see, thirs a lot o them ye see noo ye widna ken they hed the pownies an cairts. Thirs no sae mauny o them — wae this motors an caravans, ye wed hardly ken the aulder days through them. If ye seen them in a field yed mebbe think they wir gentry on holiday or Glesgae folk or somethin. But we ay hed the tent wae the big fire inside it, an Ah've seen us pittin a *vunnel* intae it — wan o thae big waxy oil-tins an a chimney up through it. An if ye hednae a chimney, ye could pit a long bit pipin up an tie a bit tin wae fower bits o wire tae it — it keppit the covers fae burnin at the tap. The blaze sookit up then.

Thirs some times tae tell ye the truth — when we come ontae grun in the wintertime an the grun wes damp, it wesnae sae easy gettin stuff fer tae pit doon on the grun. Everything wes damp, ye ken. We hed tae pit a bit carpet doon an some stuff on tap o it. Time o frost an we felt it, ye ken. But the summer's no bad. Its the dampness in the winter. At wan time it wes easy gettin plenty o strow or hay, but its no sae easy got now. Its aa made up in bales. But when they hed it lowse in barns they wid gie ye plenty o it. Same wae the auld stacks. At wan time, we usetae use a lot o strow; as much as done the powny an hus fer sleepin in.

Thirs lots o things ye can herdly get noo. Its mair difficult tae mak tents, in fact. Ah hed better stuff then than whit Ah'm gettin noo. Fer the winter the best stuff in the world wes the felt. Ah cannae get it noo. Hit wes like a blanket — thick! Snaw or nothin wed come through. What a tent ye hed wae yon! Ye usetae get it in paper mills tae buy or sometimes they gien ye it.[14] Ah've seen people in the houses gien me big webs o it, an Ah've seen the day when ye got big webs o it ontae dumps. An did ye ever see a big room carpet? Thae mak guid tents —

aa the cauld in the world wednae come through them. They wir richt cosy but ye cannae get them.

In years back an back, thir wir lots intae the hooses that ye kent well. But new ains come in an they wes like a new laird makkin new laws. Some o them comin up wesnae sae wise aboot the tinkers' weys. They couldna mak oot a lot o the tinkers, see whit Ah mean — they couldna mak oot whit the auld tinklers wir. They dednae ken the wey they workit on the roads. Some o them dednae ken what you wir sometimes. But the aulder gentlemen an ladies — they ken aboot it. But the younger ains dednae get the haud o it. They hed mair money than whit onie o us hed. They hed thir big properties an gear, where mebbe we hed the odd thing. But it wes a lot o them gentry that we helpit wae work. We done tattie gaitherin an neep shawin an hervest tae. But thats oot o the fashion. Its finished. They've aa machinery fer that. An we usetae sell heather besoms, baskets an everything. Ye got no social security at that time at all. Davie wes boarn lang, lang afore we got that. It wesnae gaun when Young Sandy wes young.

An the roads is busier noo. Sometimes if yer close tae a road ye cannae get tae sleep fer the noise o the motors. An Ah tell ye, its dangerous when yer traivellin. It usetae be that ye could traivel later at nicht wae a hurlie or oniething ye hed, but its no sae easy traivellin noo — even if yev nothin tae pull. Ye see, they gaun as thick an as quick ahun yin anither — some try tae whip past yin anither an thats the danger o them. An Ah'm no as guid on ma feet as Ah wance wes. Long afore her mither died, ma breath cut. It jest come away shortly an it got like a young bairn. Thats ower ten or twelve year ago. The day efter it come first, it come a wee bit heavier an then it started that it come every day, stronger an stronger. Noo it come the day that ye cannae sleep wi hit, an if ye go up jest a wee brae — the breath leaves ye an ye go like a sawmill. Yev tae gasp like a fish fer breath. Wi ma breath noo, Ah've lost the grip on everything. Ah get peells fer ma breath but Ah cannae get ma breath back. Ah can herdly blaw the pipes noo fer Ah gaun like a young bairn in the cradle.

'One cannot mourn the ending of a way of life that, especially in winter, was very bleak indeed; one cannot but mourn the ending of a culture that was rooted in the far distant past.'[15]

(Tim Enright)

# NOTES

English Romanies often laced baskets with bramble vines. Bramble stems were used in binding straw plaits for the old type of beehive that is known as a ruskie. Travellers use the word *ruskie* in their cant to denote a basket.

2 For further information on the traveller basket-making tradition, see *Tocher*, 33 (1979), 185, and Whyte, *The Yellow on the Broom*, p.19.

3 Two of my informants, Tib and Donald Gardiner, were acquainted with Peggie's people when they camped on the outskirts of the Perthshire village of Wolfhill. Bella and Willie Johnstone had a regular camping spot beside large beech trees on the old Dunsinnan Road. As Donald recalls:

> 'Their main skill was in making baskets. They made skulls for the tattie gathering, creels and baskets which the housewives used to gather their eggs in. These they made out of willow wands which they cut from the banks of the River Isla, and sometimes treated in a burn. I believe they used to heat them as well. They would appear usually around harvest time and be here most of the winter. The old (style) tinks were harmless people: trustworthy. And they were quite an intelligent lot as far as gathering news and passing it on. The Johnstones knew all the old families in the district, my mother's included.' (Noted from Donald Gardiner by Roger Leitch on 12 March 1986.)

4 'Tinkers came round to Broxden [a farm on the west side of Perth] to mend the turnip and potato baskets. They sorted the ribs first, and then pulled the spales of cane through with a kind of needle. After wire baskets came in they mended them as well, just using pliers.' (Information kindly provided by Robert Robb, farmer at Broxden.)

5 The first rounds of weaving are called the upsets. They control the ultimate shape of the basket, giving solidity.

6 'On average crop conditions, two active people were expected to keep the sheaves stooked up to one binder but where the crop had laid patches it required a man with a pitchfork to go round in front of the binder and "lay" up the grain so that it could be easier cut.' (Henry S. Kinnaird, letter to *The Scots Magazine* (June 1984), p.324.)

7 It was common to have three horses yoked on the binder as the harvest was a heavy job at a time when the horses were often soft from want of work. On a field with steep braes it could be difficult for even three Clydesdales to pull the binder.

8 Stooks were set to take advantage of the prevailing wind, and landmarks served as reasonably accurate pointers for the stookers in this respect. Sandy's reference to witches could equally apply to another prominent landmark, the tower on Witches Hill above Forfar.

9 Sandy's point about the coins adhering to one another is consistent with other discoveries of coin hoards. The alleged discovery is within a known area of Roman occupation.

10 In Ireland, popular imagination has associated the origin of certain round towers with penitentiaries. The Round Tower of Abernethy is one of only two extant in Scotland from around the end of the eleventh century. The base of the Tower has an attached joug or pillory which probably lies

behind Sandy's reasoning that it served as a prison. Such towers stood on Celtic church sites and served as bell-towers (hand bells) or places of refuge.

11 It is in fact an ice-house on Balcarres Estate, although this type of structure has a close resemblance to a sunken dungeon. See Bruce Walker, 'Keeping it Cool', *The Scots Magazine* (September 1976), p.563.

12 Mental institutions and the topic of insanity appear to strike a certain chord with Sandy. Cf. Betsy Whyte's remarks on the subject in *The Yellow on the Broom*, p.52.

13 In all likelihood, this would have been the old Pitfour brickworks at Glencarse. By 1933, Messrs Alexander Fraser had sold the site with the proviso that it never again be used as a brick or tile works. For years after, the site remained with its tunnel-like kiln that housed sixteen chambers. In the Ethnological Archive of the Royal Museum of Scotland is a photograph taken by Dr Alexander Fenton which shows an old limekiln near Carlops that had been adapted by tinkers as a temporary howff.

14 Gordon Boswell, the famous Lancashire gypsy, was born in a traditional rod tent with barricade at the end of last century. In his childhood reminiscences, he states, 'The whole tent was covered with wool blankets. My father got these blankets usually from paper mills: mostly in Blackburn, Lancs. It was the material that was on the rollers for the paper pulp to be rolled on. Some of these blankets were twenty or thirty feet long and ten feet wide, and the colour varied according to the paper that had gone on them. They made the best tents too.' (Silvester Gordon Boswell, *The Book of Boswell: Autobiography of a Gypsy*, ed. John Seymour (London, 1970), p.15.)

15 Taken from Tim Enright's Introduction to Micheál O' Guiheen's *A Pity Youth Does Not Last* (Oxford, 1982), xx.

# Appendix I

## Looking in on Sandy: Selections from a Fieldwork Diary
## 1981-83

From the start of the fieldwork side of this project, I decided to keep rough notes of the experience itself, writing these up immediately after each visit or meeting while events were still fresh in my mind. This was more to safeguard small details which might otherwise be forgotten than for any other reason. At the same time, I was conscious of looking in on an aspect of traditional traveller life, namely the use of bough tents, which was fast becoming extinct and might not survive the end of the 1980s.

I was later to learn that the Irish Folklore Commission encouraged its collectors to keep a notebook, describing the storytellers they recorded as well as the experiences of the collectors themselves. This could hold additional source material, provide an insight into fieldwork methodology, and illuminate the lives of those who possessed the traditions. American sociologists have extended this process whereby the subjective involvement of the fieldworker is in itself the device used for presenting the subject of research. Douglas A. Harper's *Good Company* (Chicago, 1982) concerning freight train hobos is a fine example of this, and from the afterword of that book comes this —

'Academic social science has so committed itself to objectivity and rigorous measurement that it has lost sight of the complementary virtues of subjective involvement ... and rigorous observation. ... Researchers intent on this kind of accuracy must, further, expose themselves personally to all kinds of people and situations; they cannot hide behind a lab coat or a clipboard and expect to get at the subjective aspects of the worlds they study.' (Howard S. Becker)

No more can they hide behind a tape-recorder. What follows is not an attempt at rigorous observation, nor a chance to disgorge trivia for empty curiosity; it is my attempt to add a different perspective on those whose like we may not see again.

1981

14 December    First visit. Scotland in the grip of severest winter for decades. Pilot recording using internal microphone. Consent given. Inside the tent is like being inside some oval-shaped chimney: five faces, a dog and a fire. Privilege was ours.

16 December    Third encounter with Sandy and family. Came upon them gathering firewood in a thicket to the north of the village. Sandy out of breath due to steep brae. Gave him lift in the old van and talked at the camp until the others returned with barrow-load of sticks.

1982

18 January    Recorded $1\frac{1}{2}$ hours. Nicknames sent company into raptures. Peg had collected a pile of old carpets from a house and these were stacked in the barrow. First day of any real thaw. Sandy does bulk of talking as if by rights. Pot-crook or 'spike' suspended on a chain from exposed boughs in the smoke-hole directly above stick-fire. Approx. 18″ by 12″ wide.

2 April    Came upon Sandy and son on the seashore, where they were in the process of sharing bottle of *Crabbie's Green Ginger Wine*. Was about noon and weather surprisingly mild for time of year. Took a few colour transparencies without getting them to shift. Wee anecdote about Sandy sharing his last sardine. More praise for the old van: on its last legs however.

5 April    Arrived at the camp about lunchtime. Both pram and the barrow gone. No one around. Some makeshift guy-ropes had been added to the sides of the *gelly* and a half-chopped branch had been placed on the roof. Waited for 45 minutes or thereabouts, then went off in search of them. Found Davie shaving off his beard at the side of a freshwater spout about $\frac{1}{2}$ mile from the camp. Informed by Davie that they were shifting camp due to distance they'd to go for firewood.

2 June    Heard sound of bagpipes coming from beach. It was Sandy. Hottest day of the year so far and still wearing his jacket. Invited him and Peg in for cup of tea. Talk of some beast such as a weasel, running over Sandy when he was asleep in the tent. Using smaller *gelly* and had stashed the larger covers of the winter tent.

|         | Talk of them taking off for a short spell, perhaps over to Muckhart. |
| 5 June | Peg came to house in order to borrow a piece of rope that might serve as a leash for the dog. Temperature in the eighties yet she was still wrapped in winter coat. Witnessed Sandy 'enticing' tourists with some erratic pipe-playing. Seemed to have trouble with his bagpipes. Requested I obtained some wine for them as shop wouldn't serve them. Piping is thirsty work. |
| 28 June | Poor weather for last few weeks. Informants have moved to a different camp in woodland because their privacy had gradually been encroached by walkers. Family using 2 small wattle-type tents pitched back-to-back with camp-fire in middle. Clothes-line hung from trees and numerous cooking utensils propped on small branches as though left out to dry. Shafts of bright light dancing between the trees. Traffic not so far away but seemed to belong to a different era. Flies and bees buzzing around. Told about a tramp artist who lived in a derelict station. Had finished tape by this time. Took slides but awkward light levels. |
| 8 July | Last camp had been evacuated to all intents and purposes. Appeared to be a stash of misc. items in an old pram, as though awaiting collection. Various small bits 'n pieces such as string, an old matchbox and an empty tin of liver pâté. Further to one side, a pile of discarded egg-shells and the remains of an old fruit-box. A red rag hung limply from the top of some shrubbery. Not far away was a tin of 'Whiskas' cat food, a pair of dirty brown leather gloves, some electric cable and used tubs of margarine. On a moss-covered tree stump there were 2 empty jam jars, one containing a bunch of wild flowers. There were also some makeshift boughs for the tent, an old holed pot, a pair of redundant boots and an empty container of 'Silvikrin' hair tonic. |
|         | Traced the family that evening after a few false trails. Information provided by relatives who were camping just off the beach. Quote: 'We don't try and tell folk to get out of their homes and live in camps, so why should they try and change our way of life.' |
| 11 July | Peg comments that people in Meikleour, Perthshire and Newburgh, Fife, weren't over-generous towards |

them. 'In Dunkeld they were mair like beasts.' Has no great love of villages. It was important for travellers to hang in with one another and even more so if the worst came to the worst as far as camps were concerned. Said they would move when they became weary with a place. Travellers from Skye regarded with suspicion.

24 July — Sandy down on the beach with his pipes: looked half-cut. Recording was out of the question.

27 July — Again out with his pipes on the beach; adds to the performance with a rhythmic jigging of right leg — to keep time, perhaps. Received with astonishment by those out sunbathing. Scrambling for purses etc.

27 August — Interrupted breakfast of hard-boiled eggs. Sandy wearing pin-striped jacket with large lapels, suede shoes and a long navy-coloured greatcoat: better dressed than a banker and more interesting. Conversation ranged from sticky willows to the eclipse of the moon. Numerous anecdotes. Mention of a Glen Lyon traveller called The Ranter who'd married someone with the byname Maggots.

6 October — Sherry partaken and informants in raucous mood outside sedate hotel. People cross street to avoid scene and hurry into houses.

3 November — Modern-style campers' tent adapted into traditional *gelly*: plastic windows at ground level looked incongruous. Discovered Sandy wrapped in his blanket bed: unwell due to troublesome chest complaint. Seemed glad of the company as others out shopping. Asked if he might need anything. Said some strong black pipe-tobacco would go down a treat as he'd a pipe in one of the bags behind him.

10 November — Took along professional reel-to-reel recording equipment that was packed in a brown suitcase. Both aroused initial comment. Indeed, the new equipment acted as something of a spur to gain fresh material and playback went down very well.

8 December — Sandy delighted with the gift of a chanter reed. Noticed the addition of a new *vunnel* which was very effective and commented on as being so. The lid of an old metal bread-tin served as a removable cover for the tank-fire. Optimum recordings now possible as established routine for setting up gear in the best position. Just let the tape record everything that was

94

said and happened: clinking pots, bacon frying, dog yawning with a growl.

**28 December**   Had been a mild Xmas. Arrived as Peg was feeding the birds with breadcrumbs. Pathway to the camp was churned up by pram wheels; skeletal surroundings accounted for camp being visible from road. Tarpaulin covering on the tent roof was peppered with holes from flying sparks. Inside was sparse and cold. Sandy wearing a woollen hat, had no laces in his shoes and was wearing only one pair of trousers. Sits cross-legged on the ground, leaning back from time to time.

**31 December**   Visited by Sandy and his mate, both having partaken of the *peeve* in no small measure. Transpires that his mate offers to buy my van for £30. Never felt it would come to a sale (and it didn't). Sandy wearing an American-style baseball cap and his mate, a wide-brimmed felt hat.

**1983**

**2 January**   Called for the New Year. There are two *gellies*, one smaller than the other. Snow line a fair bit above their pitch. Attitude of tolerance towards their neighbour. One of the few times their entrance flap had been drawn when they were at home during the day. Swirling sleet that afternoon. Passed them in car later that day: heads down, ploughing up a brae. Faces spoke volumes.

**4 January**   Exceptional morning, pin-sharp with brilliant blue sky. Recording problems. Long list of cantwords obtained. Sat at rear of the *gelly* watching the fire crackle: pungent smell of wuid-reek. Informants boil large pan of water for washing purposes: empty this into wide basin. Breakfast is bacon sandwiches. No need for plates. Peg ticks Sandy off for drinking his tea straight from the pot and hands him a rusty dried-milk tin to use instead. Dave takes his tea straight from the spout in true Arab style. I get mine in a white mug. The dog is asleep by the fire, oblivious to everything unless it can be eaten.

**2 February**   Sandy's right eye is nearly closed due to a sty. The car battery which powers their portable television is flat. Nearby garage refuses to re-charge same. Peg not amused as wanted to watch a film that evening.

| | |
|---|---|
| 16 February | *Gelly* measured at 12 feet x 7 feet. Nearly dark when informants arrive. Sandy struggles to light fire due to damp wood not taking hold. Shared flask of soup meanwhile. Reek is terrible — nearly smoked out! Search for stump of a candle. Wine and beer passed round. Woof! Begin recording by fire-light. Sandy gets into his stride with hand gestures and facial expressions to accompany his eerie tale. At one stage he is rocking back and forward like some weighted toy figure; as enjoyable watching the reactions of the others as it was to hear a story well told. Left the camp at 10.30 pm after extremely interesting time. |
| 17 June | Met Sandy in the village during early afternoon. With a mottled neckerchief tied round his neck, he reminded me of a well-dressed Albert Steptoe. Managed to obtain some close-ups using a borrowed telephoto lens. The extra range meant the subjects were less conscious of being photographed and managed to get some natural expression. Talk of Hairy Navel being pie-eyed about a week before in this very spot. Sandy had also made a deal re his bagpipes. Cider in the sun. |
| 25 June | Path to camp snakes through dense undergrowth: a lush green. 12 week old cross-bred Border collie with me and this arouses great interest. Informants grouped around a smoking log fire over which is hung the *blawkie*: *ned kyach* is bubbling away. Peg has her arm in a sling after tripping over their *yaffin*. Curious 'apparatus' catches my eye — an empty tin of dog food with its lid hinged open; has been baited with scraps of bread as a rat trap. Idea according to Sandy is to entice rat inside, hoping it will become stuck, then quickly pounce on the tin and simultaneously rap the lid shut, if possible. Seems unbelievable. |
| 4 July | One of the warmest days of the year. Overcoats still being worn — 'keeps the heat oot'. Sandy smokes a cig with filter removed. Short visit. |
| 6 July | Temperature over 80, stiflingly close in the clearing and Sandy inside tent, rolled up in blankets like a cigar. Peg remarks on this, adding in a loud voice: 'Yil gaun aff the legs!' Shakes her head in dismay. 12 yards from the camp-fire is a Mark II trap: an empty plastic sweetie jar (of the same style that used |

to be glass) has been laid on the ground with bait inside. Partly resting against it is a tattie skull from which is tied a long piece of orange twine. A sharp tug would cause it to fall over the mouth of the jar and thus trap the rat which will hopefully be inside eating the bread. 'Next time' laughs Davie.

3 August
Could smell the fire-reek before reaching the camp and knew they were at home. Told that interlopers had forced them to move from last camp. This one had greater privacy. After recording, Sandy guided me out of the thicket and gave a cheery wave. Sported a red tartan bonnet today. Has a seemingly endless wardrobe of headgear.

6 August
Beautiful morning. Camp tucked away in trees. Sunlight coming through in slanting shafts, highlighting the greenery, esp the ferns. Track to the camp is springy underfoot. Sandy alone in one of the two back-to-back wattles. Only needs to slip on a pair of sandals and he's up and dressed. Mentions the others 'bided oot in the toon last nicht'. Pleased to have company. Looks very dishevelled but his face tells a different story — happy as a sandboy.

19 November
Re-cap about a multitude of small points that needed clearing up. Also wanted to test against earlier material. Consistent in the great majority of points. New pitch and new covers for the *gelly*: even a double-ended *vunnel*. Recorded $1\frac{1}{4}$ hours on tape. Fire had gone down to a tiny wisp of smoke. Very cold. Gloom inside the tent partly lifted by a solitary candle. Conversation dwindles after about 2 hours. Ever-lengthening hours of winter darkness call for stout morale. Jokes break the long hours, as does 'a drap o peeve'. Return to the grey streets and the headlights of passing vehicles; another winter closes in.

# Appendix II

*Inventory of Belongings of Alexander Stewart and Family, 9 February 1983*

| | | | |
|---|---|---|---|
| 1. | Heavy duty tarpaulin | a. | obtained locally |
| | | b. | serves as tent cover |
| 2. | Perambulator | a. | obtained at a house |
| | | b. | used for transporting a portable television and other moveables, including, on occasions, the pet dog |
| 3. | Hand cart — tubular rubber tyres with 'trams' adapted from two ash boughs | a. | obtained locally |
| | | b. | used for conveying tent gear and when gathering firewood |
| 4. | Portable black & white television | a. | purchased by son |
| 5. | Car battery | b. | source of power for television |
| 6. | Pipe-bag lubricant in a jam jar | | |
| 7. | Plastic water container | | |
| 8. | Tin of axle-grease | b. | for hand cart |
| 9. | Green knapsack | | |
| 10. | Two plastic confectionery jars | b. | water containers |
| 11. | Various blankets | b. | bedding |
| 12. | Deep cooking pot or 'blawkie' | b. | for soup, potatoes etc. |

98

(*Roger Leitch: courtesy of School of Scottish Studies*)

**Plate 7**     Watching eyes at camp.

**Plate 8**  Donald Reid's funeral at Little Dunkeld, 18 October 1926. Sandy Reid (Sandy's uncle) stands with his head bowed

13. Two metal pots (redundant)

14. Paraffin lamp (not in use)

15. Firelighters

16. Bag containing old tin cans

17. Odd shoes and a leather belt

18. One cutlery knife and a white drinking mug

19. Shortened cutlery knife with a sharpened blade

   b. for mending reeds, sharpening wood, cutting string, etc.

20. 'Snottum' or metal pot hanger with a crook at one end and pointed at the other

   b. used for supporting the elbow of the vunnel; for making holes in the ground for campsticks

# Appendix III

*Traveller Bynames and Anecdotes*

This list of fifty-eight traveller bynames has been collected from various informants. Those denoted by an asterisk are by courtesy of Dr Hamish Henderson.

Auld Goolie
Auld Skins
Baaheid
Big Bleerie Eed*
Big Sha*
Bitch's Papplers
Black Duncan the Waterbull
Brother Shells
Cat's Yerrim
Copper-Faced Wallockie
Crawsticks
Davie Funkum
Dirty Lassie Mutton-Tail
Eeack
Flatheid
Granny Spidert
Hairy Navel
Hardfish
Hedgehog Hauf-Loaf
Hickie the Hare
Iron Heart
Jimmy Blue*
Jimmy Makkin Toal

Jit
Johnny Flea
Karrie-Skin Chackers
Maggots
Matchbox-Faced Ennie
Midgey
Monkey-Boot Lichty
Pea Sauch
Piggy
Pig's Jeer
Poych
Quarry Yaks*
Quew
Scarce o Hair*
Scone Lugs
Sheep-Shearit Ennie
Stumps o Brecken
The Auld Bullhoarn
The Auld Snipe
The Beetle Fer Diseasin Tatties
The Blun Moudie
The Bran Hauf-Loaf
The Full Rift

| | |
|---|---|
| The Fungus Fish | The Rowt |
| The Horse-Hair | The Tip* |
| The Jumpin Snail | The Wuiden Sailor |
| The King o the Lower World | Vinegar-Bottle Smith* |
| The King's Black Pearl-Fisher | Willie the Cups |
| The Ranter* | Yella Andra |

Traveller bynames and their related anecdotes comprise an underground oral literature in their own right. Some are self-explanatory and conjure up larger-than-life individuals whose somewhat unsavoury traits made them rich targets for the jester. Amongst this group might be included Poych, The Full Rift and Jimmy Blue. Other names are direct insults which would not be readily apparent to outsiders due to Cant overtones and obscure analogies e.g. Cat's Yerrim, Karrie-Skin Chackers, etc. Many have a humorous base as in the case of Quarry Yaks. This was a popular byname amongst Aberdeen-based travellers for 'Quarry Willie' Townsley. *Yaks* in the Cant means eyes, and it seems that in his younger days, Willie — who could just read and no more — had camped one night in a space by the road, near to which was an advertisement in billboard style for Camp Coffee. Willie is said to have made out the word CAMP and spend the night in the belief that all was in order. As it turned out, he had camped illegally in a private quarry and was prosecuted — much to the glee of some of his relations.

For gems such as The Hauf-hangit Minister, Love-in-a-Close and The Hangman, see Hamish Henderson, 'Bynames amongst the Tinkers', *Scottish Studies* 6, pt. I (1962), 95-6. See also E. MacColl and P. Seeger, *Till doomsday in the Afternoon* (Manchester, 1986), pp.21-3.

Those on the fringe of mainstream society such as travellers and tramps often became a part of local folklore in a role whereby they obtained the upper hand in confrontations with establishment figure-heads such as the local bobby, minister, or laird. Minister or priest anecdotes appear to have been very popular and widespread, the latter especially so in Ireland. Occasionally these light-hearted jousts were printed; one involved Sandy's maternal grandfather and appeared in his obituary.

'I don't suppose, Donald, you were ever inside a church?' Donald replied — 'No sir, but I have passed many a braw kirk in my day'. 'Can you repeat the Lord's Prayer, Donald?' — 'Na, na. Every man tae his trade. Mr Meldrum, can you solder a tin pan?' (*Perthshire Advertiser*, 26 October 1926.)

See in this respect the humorous anecdote *Each a' Mhinisteir* (The

Minister's Horse), recorded from Donald MacKay, South Uist, by Donald A. MacDonald in 1962 and published with a translation in *Scottish Studies* 11 (1962), pp.239-241. It is unusual because its target is a priest and a minister, the tinker making them both the butts of his joke.

Another anecdote concerns Peggie Stewart's uncle, Jimmy Johnstone (no relation to the Lisbon Lion), and a local policeman.

> Jimmy just used a pram and this day he came intae the gasworks. He'd a bag o coke wae him. Oniewey, this time he'd also gotten an auld wireless an he wes gaun ower Dunkel brig when he met the police. He dednae like bein molested an wes an awfie joker ye ken. 'God Almichty Jimmy, yer no cairryin that oot tae Newtyle Quarry?' 'Och, its all right Constable', he says, 'Ah've got it on the light programme'. (James Laird, Birnam.)

These short anecdotes can yield small but significant clues to the full flavour of individual personalities. Collecting anecdotes relating to Sandy's people in particular proved extremely difficult outwith the traveller community. Mr Jim Laird, a retired stone-mason living in Birnam, was able to recall a number of the travellers on an individual basis, Sandy's father David, or 'Dytes' as he was known, being amongst them. On one occasion he was in the local police cells for some minor offence. His whereabouts had eventually been traced by his irate wife, Martha, who stood outside and in a loud voice shouted, 'Dytes! Dae ye hear me? Dae ye hear me Dytes? Ah'll break yer pipes if ye dinnae come oot!'.

# Appendix IV

## *Two Tales*

1. The first story casts the traveller as the supreme opportunist, acting on the speed of his wits. It was recorded from James Laird (b. 1910, Aberfeldy) by Helen Jackson at Perth on 14 December 1983.

### THAT ULL RAISE THE WIND

Ah'll tell ye a story aboot the Rileys, or Whytes wes it? When ma fether wes workin for the plumber up in Aberfeldy he got all the Glenlyon work. Well it wes a case of walkin, or the bicycle in them days: thocht nothin aboot it. An ma fether said he'd set off early from Aberfeldy this mornin because he'd tae gaun up tae Meggernie — Meggernie Castle — an Goad, when he got hauf way up the Glen, this faimly o tinks — they'd hednae haen time that nicht when they landed thair tae pit up the tents. And aa roond thir was he says, white rhynd, ye ken the frost — and he says they wir aa in a row, wae jest the tent faain ooer them. Goad, the bairns' heads wes white wae frost ye ken.

The Auld Man says nothin, so doon he went and eh, he went tae the fether, ye ken. They wir aa tapered doon and aa the bairns [indeciph.]. He says 'Ah gave him a shug'.

'Oh in the name o Goad, Plumber, whaur ye gaun — its ower cauld'.

'Aye', the Auld Man says, 'it's ower cauld fer thae pare bairns'.

'Oh bit oanest tae Goad, Ah hednae time tae pit up the tent — it wes dark an Ah hed tae git them happit up'.

'Oh aye, they'll be warm in that', he says tae the fella.

'Och, ull get the lowe gaun an yil hae a cup o tea'.

The Auld Man says, 'Wid ye like a fish?'

'Whit!' — the salmon wes runnin in the Lyon at the time an the Auld Man wes a great poacher — 'Oh my Goad, michty aye — that ull raise the wind'.

'Well', the Auld Man says, 'Ah'll go an gaun an see if Ah can get ye a fish'. The Auld Man ayways kent whaur tae get them. He kent all the pools, so doon he went. Look, in twenty minutes here's the fire gaun, the syrup tin on the fire ye ken, an twaa or three o them makkin the tea. The Auld Man hed three fish, an he says, 'Can ye use thaim?'

'In the name o Goad, Plumber — ye want sugar?'

The Auld Man says, 'Aye, aye, anything ull dae'. An he hed a job tae do, before ye come doon tae Meggernie. This wes below the Bridge o Balgie, ye see. An he hed his drink o tea — couldnae insult them that wey ether ye see — an he come back. Bae the time he come back he says, they wir hauf way up the back o Ben Lawyers gaun ower bae Loch na Lairige. They hed the fish aa wrapped up an wir away tae Killin tae raise the wind as the boy said [sell them in a hotel or something like that]. He says you never seen a quicker move. Good Goad, the Auld Man wes herdly awaa hauf an 'oor; everything wes packed up an they'd aa the bairns strung oot ahent them, away wae thir fish an wavin back tae him.

Well, he says, onietime he'd tae gaun back up Glenlyon they kent him aboot a quarter o a mile afore he cam thair: 'Cam doon an git a mougfae o tea', they usetae cry.

2. This is an embroidered description of a tramp character who alleged he was a train robber in the U.S.A. It was recorded from Peggie Stewart by Roger Leitch at Lundin Links, Fife on 8 December 1983.

## AMERICAN JIMMY

This American Jimmy as they cried him, he went like a buck an he usetae come tae all the camps. He usetae bide wae us fer nichts. And he usetae say — he cairried a Lever watch — 'Well this ull be eatin time now'. He wes an awfie heicht o a man and he wes stoot. Sometimes he wore a jaggy baird an a pair o glasses an ether times he dednae. Well, he wouldn't take his lunches or food, till such times as he timed it wae his watch — his Lever.

He could tell you about the whole gangsters — the way they workit, an the horses. He said, 'I done it too — I taen a gun but I didn't shoot the people. I jest says, "Open up yer handbags! Fling it over!" So we kept alangside the trains and all the bags wes flung out to us, you know'. He never hairmed them an he says, 'Any jewellry, onie watches, oniething — fling them out!' They jest snappit the bags you know — opened them up. 'Dednae matter whit wes in it', he said, 'Ah jest wid tak it an pit it in ma big coat poacket — kept the horses gaun alang wae the carriages'. And the best bit he says wes in between wuids tae get them.

104

Well wasn't it funny that that man — Ah wedna tell ye a lie aboot that man, but he come ower tae this country in a boat. An look, he jest went the same as an ordinary tramp and he would go tae the doors and beg his tea. And he would go tae the shops and beg bits o cheese an everything tae hissel. And he tellt me and he tellt ma fether — 'I have a brither', he says, 'A school dormitory man in the Free States of America — and a sister, but I never went back'. An if he wid see a polis comin tae the camp or jest say he seen a policeman comin up, he wed say, 'Here's the bull comin: would ye face a four-legged bull or a two-legged bull?'[1] 'Well', you would say, 'Jimmy, Ah wid face the four-legged bull!' 'Well, so wed I too'. Then he wed say, 'If the bull comes an asks my name, don't say I'm American Jimmy; ye can say I come from Montreal but don't say America'. Ye ken, he never liket a polis tae see that he come fae America. 'Because ye don't know', he says, 'what they wid do here wae me'.

And dae ye ken how mauny coats he pit on? He wore seven coats. I says, 'Jimmy, dae ye wear all thae coats?' 'Every coat thats thair I wear it, because thats my hap at night'. Dae ye ken Tealing?[2] Well, a fairmer gien him a roon clump o wuid tae bide in and he went an got all this bags, tore them oot, and he sewed them all together. And he made a great big tent like a tunnel. Well, he kennled nae fires in it — it wes auld papers that he pit baeneth him. The fairmer knew that he wed be ower fer his boilin water — but three days, the fairmer never seen him.

So the man says tae his wife, 'Ah doubt thirs somethin wae Jimmy. He's no thair; he mebbe got frostet'. When the man went doon he got him lyin frozen, and the holes made intae his skin wae the longtails — the rats. And he's buried noo at Tealing, at the minister's graveyard. That minister hed a wooden leg and wes awfie fond o that Jimmy. Ken what he done? He went and bought him an auld motor coat an gien it to him. He wid tak him inside the hoose an gie him his tea, a few shillins when he wantit — Oh, they wir good tae American Jimmy. Its aboot thirty-eight or thirty-nine year ago since that man died.

An he usetae deal wae the auld woman who hed the wee shop at Tarbrax. Thats whaur he left his ration book. An he got things aff that. It dednae matter whether ma fether an mither wes up Glenisla — he wed be thair. And he bud in an auld stairch mill. Dae ye ken Gellyburn? Well thir wes an auld stairch mill doon yonder an thats whaur he made his bed.[3] Then, thir wes anether bridge doon at Forfar he lay. Oh God, thon man could staund an awfie cold. And do you know what Ah think keepit him wrong — aff his mind. He hed too much education. Because the policeman even tellt ma fether that. 'Thir wes no one in the world', says he, 'hes the brains o that man Jimmy'.

# NOTES

1. 'Bull' was U.S. hobo-talk for a policeman, especially a detective. It was widely in use until the early 1930s, being derived from the actions and behaviour of the U.S. police when dealing with rowdies.
2. There are local traditions of highwaymen at Tealing Crossroads in Angus.
3. At Gellyburn, near Murthly, Perthshire, there was an old farina mill that has long been in ruins. These mills appeared in the 1830s and were employed in making potato starch for textile finishing, and to a lesser extent for bakers.

# Appendix V

## *Non-standard vocabulary, both Cant and Scots, collected from Sandy Stewart but not used in the main text, with Comparative Sources and notes on possible derivation*

*Note.* During the fieldwork period, a separate list of Cantwords was collected from Sandy Stewart using McCormick's 'Tinkler-Gipsy Cant Vocabulary' (see below, Source no. 3) as the main working guide. The Cant or cover-tongue employed by Scottish and Irish travellers demonstrates regional variations based on the borrowings of many loanwords from the host language of the regions in which they were based, although these were given a construction that made them unrecognisable when used in the presence of outsiders. In southern Scotland, there appears to have been a strong borrowing from Romani (sometimes written as Romany). This language of the Gypsies in turn reflects national variations and was first noted in Europe about 1100 AD.

The authentic use of Cant as a secret argot has largely died out or exists in a weaker form. There are certain Cantwords which have found their way into some Scots dialects and whose primary meaning has thus become 'blown'. But in essence, a Cantword could have a variety of meanings depending on the context of use and the way in which it was said. Individuals and family groups might use a word in a different way from others; the word might be the same but it was the way that word was used which imparted the subtle message, and gave the Cant its true purpose as an effective cover-tongue. Although the following list may provide a meaning and a possible derivation, it most certainly is far from being definitive.

*Sources and Abbreviations*: bracketed source numbers indicate that the form of the word is similar but not identical to that given by Sandy Stewart.

1. George Borrow, *Romano Lavo-Lil: Word-Book of the Romany or, English Gypsy Language* (1874).
2. David McRitchie, 'Shelta: The Cairds Language' [List of Tinker Words obtained by Mr Alexander Carmichael from Tinkers in Arran, in June 1895], *Transactions of the Gaelic Society of Inverness*, vol. XXIV (1899-1901), 458-68.
3. Andrew McCormick, 'Tinkler-Gipsy Cant Vocabulary', in *The Tinkler-Gypsies* (Dumfries, 1906), Appendix ix-xxiv.

McCormick's Cant collection is under two regional headings: Galloway (here denoted as Gall.) and Perthshire/Argyleshire (Per.).
Hin. = Hindi; Rom. = Romani; San. = Sanskrit.

| WORD | ENG. | SOURCE | COMMENTS |
|---|---|---|---|
| **barrie** | good | 3 | now in local Scots speech |
| **been** | fine, prosperous | (2), 3 | *bin* (2). Cf. Scots *bien, bene, bein* |
| **beerie** | a boat | (1), 3 | *berro* (1), a ship, a hulk for convicts |
| **belliment** | a door | (2), 3 | *bellimunt* (2) |
| **bicht** | vagina | | |
| **blinkie** | a candle | (2), (3) | *blinkum* (2); *blinkan, blinklum* (3) |
| **boffert** | a dog | (3) | *buffert* (3) |
| **calshies** | trousers | 2, 3 | |
| **carmush** | a shirt | 2, 3 | |
| **carnies** | beef | 3 | |
| **casties** | posts, stobs | 3 | *castis*, whins (2); *cosht, cost*, a stick (1) |
| **chackers** | the cheeks, side of face | | |
| **choar** | to steal | 1, 3 | *choar*, Gall. (3); now in local Scots speech |
| **choorie** | a knife | 1, 3 | *churi* 1. Hin. San. |
| **chovie** | a shop | 3 | |
| **coories** | blankets | 3 | Hin. pronounced *goodh-ree* |
| **darkie** | night | 3 | *dicki* (2) |
| **deek** | to look, see | 3 | Gall. (3); Hin. (?) *dekko* |

| WORD | ENG. | SOURCE | COMMENTS |
|------|------|--------|----------|
| **deeklies** | matches | 3 | *dickman* (2) and Per. (3) |
| **deuce** | a florin | 3 | |
| **dumey** | the back | | |
| **faizim** | hair, heather, wire etc. | 2, 3 | *fuzyanri*, fern (1); cf. Scots verb *faize* |
| **femmel** | a hand | 1, 3 | Gall. 3 |
| **flattrins** | fish | (2), 3 | *flattern* (2) |
| **gadgie** | a man | 3 | Cf. *gorgio*, a person who is not a Gypsy (1); *Gacho* used by Spanish Gypsies; *gadgie* now in local Scots speech |
| **goorie** | a girl | 2, 3 | |
| **grennum** | corn | (2), (3) | *grannum* (2) and Per. (3); *greenum* Gall. and Per. (3); cf. *gran*, barn (1) |
| **grumphie** | a pig | 2, 3 | *gruffy* in Gall. Scots |
| **gry** | a horse | 1, 2, 3 | now in local Scots speech |
| **habben** | food | 1, 2, 3 | also bread (2) and (3); Rom. feast, food |
| **hinger** | a kilt | 2, 3 | cf. Scots *hing* |
| **holovers** | stockings | (1), 2, 3 | *olevas*, *olivas*, *olivor* (1), *olibias* used by Spanish Gypsies |
| **hotchets** | leeks, onions | 2, 3 | |

| WORD | ENG. | SOURCE | COMMENTS |
|---|---|---|---|
| **joogal** | a dog | 1, 2, 3 | also *jukel*; *jukkal* (1), corruption of jackal |
| **kaizim** | cheese | (1), 2, 3 | *kaes* (1); cf. German *käst*; *caesum* 2 |
| **kinshin** | a child, infant | 2 | *censhin* 2; cf. Ger. *kindchen* |
| **lewr** | money | 2, 3 | *loure*, to steal (1) |
| **loopie** | a snake | 2 | *linkie*, an adder (3) |
| **manishie** | a woman | 1, 2, 3 | Hin. pronounced *maa-noosh-ya*; San. *manushi*; now in local Scots speech |
| **maccam** | a hare | 3 | Gall. 3; cf. Scots *maukin* |
| **mar** | to fell, hurt etc. | 3 | Gall. 3; cf. *more*, to kill (1) |
| **meggats** | sheep | 2, 3 | from place-name Megget in Selkirkshire |
| **mort** | a woman | 1, 2, 3 | old Cant for the wife of a vagabond, 17c; derogatory |
| **mun** | the mouth | | *mum* (2); cf. Hin. *munh*, German *mund* and Rom. *mooi*; *mun* now in local Scots speech |
| **mung** | to speak, talk | (3) | *mang* Gall. (3) |
| **naiscowl** | father | 3 | |
| **naismort** | mother | 3 | |

| WORD | ENG. | SOURCE | COMMENTS |
|------|------|--------|----------|
| **nawkins** | fellow tinkers | (3) | |
| **neds** | potatoes | 2, 3 | |
| **pannie** | water | 1, 2, 3 | *pāni* 1 |
| **patrin** | a minister | 3 | Gall. 3 |
| **peeve** | alcohol, esp. spirits; also to drink | 3 | now in local Scots speech e.g. *peevie(d)*, drunk |
| **peevin- keen** | a public house | 3 | *ker*, a house (1); *ken*, a house (in Harman's glossary, 1566); old Cant in wide use during 17c. but probably Rom. from Hin. *khan(n)a*, or Arabic *khan*, an inn |
| **pennam** | bread | 2, 3 | *pannam* bread, 16c. and prob. old Cant; cf. Latin *panis* |
| **pinkie** | a pail or water jug | 2, 3 | |
| **poavers** | apples | (1), (2), 3 | *pauvi*, apple (1); *pauvis* (2) |
| **pooskie** | a game-keeper | | *pooshed*, buried (1); Rom. *poove*, a field |
| **quackler** | a duck | (2), (3) | *quacker* (2), (3); onomatopoetic— see *grumphie*, *boffert*, and other animal words |

| WORD | ENG. | SOURCE | COMMENTS |
|---|---|---|---|
| **rattler** | a train | 2, 3 | old Cant for a coach; in US hobo slang, *to nail a rattler* is to board a train that is underway |
| **ringel** | beer | (2), 3 | *pingel* (2) |
| **rouble** | a bottle | 2, 3 | |
| **rutler** | a bull | (2), (3) | *routler*, cow (2) and (3) |
| **salliment** | salt | 3 | |
| **scroof** | a bonnet | (2), 3 | *scruf* (2) |
| **shan** | bad | 3 | in local Scots speech |
| **shannas** | stay quiet, silence | 3 | |
| **slab** | tea | 2, 3 | |
| **sloosh** | to urinate | | |
| **smeish** | a shirt | 2, 3 | |
| **smout** | butter | 2, 3 | |
| **sneps** | turnips | (2), 3 | *sneaps*, *sneeps* (2); cf. Scots *neeps* |
| **sprach** | to beg | (2), 3 | *spracham*, a beggar (2); *sprachin manishie*, a beggar-wife, Per. 3 |
| **spraal** | brother | (1), (3) | *prala* (1) |
| **stardie** | jail, prison | (1), (3) | *staripen* (1); *staurdie* Gall. (3); cf. Rom. *stardo*, imprisoned, and thieves' slang *starder*, a receiver of stolen goods |

| WORD | ENG. | SOURCE | COMMENTS |
|---|---|---|---|
| **strammel** | straw | 2, 3 | old Cant, perhaps from Old French *estramaille*, straw for bedding |
| **strods** | shoes | 2, 3 | *stroods*, worn-out shoes (found in Galloway Scots) |
| **swag** | a bag | | rhyming slang |
| **sweetnie** | sugar | 2, 3 | |
| **test** | the head | 2, 3 | Gall. 3; Old French |
| **tickler** | a watch | 3 | |
| **vaysh** | a wood | (1), 3 | *wesh* (1); *veis*, a tree (2) |
| **wanner** | to sell | 3 | Gall. (3) |
| **weatherer** | a window | | *widdera* Gall. (3); *winkler* Gall. & Per. (3) |
| **winklers** | spectacles | 2, 3 | |
| **yergan** | tin | 2, 3 | cf. Scots verb *yerk* |
| **yerras** | eggs | 2, 3 | *yoro* (1) |

# ORAL SOURCES

## *Informants, Archive Recordings, Correspondents etc.*

Many people have helped directly and indirectly with the task of compiling background information for this book. Indeed, were it not for the oral material, there would be no Book of Sandy Stewart. Other than Sandy, the main informants are listed below. Those names preceded by an asterisk were interviewed by Miss Helen Jackson, whose contribution has been of immense value and to whom I am greatly indebted. I have attempted to provide brief details regarding each informant; where there are uncertainties, the information appears in brackets. Although many of the people are now retired, and in some cases, alas, dead, I have listed their main occupation or designation.

The following abbreviations have been used.

b. — born; dcd. — deceased; int. — interviewed by taking notes; rec. — tape-recorded interview; SA — Sound Archive (reference).

## Informants

BIRRELL, Tom. Wood Contractor, b. 1910; int. at Logierait, Perthshire, on 8 March 1983.

BIRRELL, Willie. Wood Contractor, b. 1909, Kelty, Fife; rec. at Tulliemet, Perthshire, on 25 March 1982 and int. on 6 March 1983.

DAVIS, Eddie. Pearl-Fisher; rec. at Ardgay, Ross-shire, on 24 September 1982 and 2 June 1983.

*EDWARDS, Bill. Postman, Strathbraan area, b. 1912; rec. on 12 July 1986.

GARDINER, Donald, dcd. Civil Servant 1924-87; rec. at Wolfhill, Perthshire, on 11 March 1986.

GARDINER, 'Tib'. Sub-Postmistress, Wolfhill, b. 1922; rec. at Wolfhill on 5 March 1986.

HALLIDAY, William. Farmer, b. 1910; rec. at Meikle Kirkland, by Crocketford, Dumfriesshire, on 24 January 1982.

HORNE, Kenny. Gamekeeper, Atholl Estates, b. 1956; int. at Countlich, by Kindallachan, Perthshire, on 6 March 1983.

IMRIE, Robert. Farm-worker, b. 1910; int. at Stenton Farm, by St Monans, Fife, during August 1982.

JACKSON, Helen. Teacher, b. 1915; rec. at Perth on 23 January 1984.

JOHNSTONE, Duncan, 'Dochy'. Traveller, b. 1915; rec. at Kenmore, Perthshire, on 26 March 1982.

JOHNSTONE, Duncan. Traveller, b. 1949; int. on the outskirts of Aberfeldy, Perthshire, on 26 March 1982.

*LAIRD, James. Stone Mason, b. 1910, Aberfeldy; rec. at Perth on 14 December 1983.

*LOWE, Betty. Native to Dunkeld; rec. at Perth in December 1983.

MACASKILL, John. Crofter Shepherd, b. 1900; rec. at Glenelg, Inverness-shire on 14 May 1982 and 15 October 1983.

MACAULAY, Angus, dcd. Estate Worker, b. 1906, North Uist; int. at Glenlyon House, Perthshire, on 11 March 1983.

MACDIARMID, Ian. Farmer of Rotmell, by Dunkeld, b. 1909; int. at Pitlochry, Perthshire, on 10 March 1983.

MACDONALD, Willie, dcd. Traveller, int. at Kindallachan, Perthshire, on 26 March 1982 and 9 March 1983. Formerly at school with Sandy Stewart.

MACDOUGAL, Iain. b. 1908, Ardtalnaig, Perthshire; int. at Logierait, Perthshire, on 9 March 1983.

MACDOUGALL, Donald. Blacksmith, b. 1912; int. at Sollas, North Uist on 22 September 1984.

MCINTOSH, Hugh. Farm-worker, b. 1912, Snaigow, by Dunkeld; int. at Logierait on 9 March 1983.

*MCINTYRE, John. b. 1913, native to Birnam; rec. at Perth on 14 December 1983.

MCLAREN, James. Farmer, b. 1912; rec. at Dargill Farm, by Crieff, Perthshire, on 26 January 1986.

REID, Alexander, dcd. Traveller, 1922-85; rec. at Alloa, Clackmannanshire, on 29 March 1984. Cousin of Sandy.

REID, Donald. Traveller and son of the late Alexander Reid; int. at Lundin Links, Fife, on 2 January 1983 and rec. on 4 January 1983.

*ROBB, Robert. Farmer at Broxden, Perth, b. 1911; rec. at Perth in April 1984.

ROBERTSON, David. b. 1902, Aberfeldy; int. at Logierait on 9 March 1983.

ROBERTSON, May (née Gibb). Teacher at The Royal School of Dunkeld, b. 1907; rec. at Murthly, Perthshire, on 8 May 1986.

SIMM, Hugh, dcd. Garage and Coachworks Proprietor, 1912-87; int. at Birnam on 5 March 1983.

SINCLAIR, Elizabeth. b. 1910, native to Birnam; int. at Birnam on 5 March 1983.

STEWART, Alexander, 'Young Sandy'. Traveller and son of Sandy Stewart; rec. at Silverburn Woods, by Leven, Fife, during June 1982.

STEWART, Colin. Traveller from Skye; int. at Taranty Old Road, Brechin, Angus, on 17 April 1982.

STEWART, Davie. Traveller and son of Sandy Stewart, (b. 1950); rec. at various camps in the Lundin Links area in January 1982 and 2 February 1983, plus misc. interviews 1981-83.

STEWART, John (and son Joe). Traveller, b. 1910; rec. at Kirriemuir, Angus, on 23 March 1982.

STEWART, Margaret, 'Peggie'. Traveller and wife of Sandy, b. 1925, Guildtown, Perthshire; numerous recordings and interviews between 1981-83.

SYMON, Bert. Trapper on the Atholl Estates, b. 1922; int. at Birkenburn, by Dunkeld, on 8 March 1983.

TAYLOR, Peter. Mill-worker, b. 1900 (Dundee); rec. at Dundee on 18 and 19 January 1983.

WALKER, Alexandra, née Stewart. b.1896, Glenlyon, Perthshire; int. at Aberfeldy on 12 March 1983.


## Archive Recordings


*BBC, Broadcasting House, Edinburgh*

SA81030           'The Pearlfishers', produced by Ishbel MacLean for Radio Scotland's *Odyssey Series*, broadcast in 1982.


*School of Scottish Studies, Edinburgh University*

| | |
|---|---|
| SA1952/9 | Dr Hunter |
| SA1952/39 | Jeannie Robertson |
| SA1952/48 | Jean Teviotdale |
| SA1953/236 | Cathie Higgins |
| SA1955/38 | William Kelbie |
| SA1955/155 | Davy Hutchinson |
| SA1956/114 | Charlotte Higgins |
| SA1956/175 | Bella Higgins |
| SA1957/51 | Hugh MacDonald |
| SA1958/68 | DavieStewart |
| SA1962/68 | Charlotte Higgins |
| SA1962/73 | Jeannie Robertson |

# Correspondents and Acknowledgements

Mr Martyn Anderson, Lower Largo, Fife.

The late Lawrence L. Ardern, Curator, Broughton House, Kircudbright.

Mr Andrew Bruce, West Grange, by Errol, Perthshire.

Dr Alan Bruford, Archivist, School of Scottish Studies.

Mr Hugh Cheape, Country Life Section of the former National Museum of Antiquities of Scotland.

Mrs J. Fraser-Hopewell, Registrar, Dunkeld, Perthshire.

Mr Ian Flett, City Archivist, Dundee.

Mr T. M. Forsyth, Librarian, Aberdeen Journals Ltd.

Dr Ian Grant, New Register House, Edinburgh.

Dr W. B. Howie, Medical Historian, Aberdeen.

Mrs Elizabeth Jack, Halkirk, Caithness.

Mr Billy Kay, Writer and Broadcaster, Edinburgh.

Mr Fred Kent, Senior Technical Officer, School of Scottish Studies.

Mr Nigel King, Factor, Murthly and Strathbraan Estates, Perthshire.

Mr Henry Kinnaird, Retired Farmer, Kinross.

Mr Michael Macfarlane, Windygates, Fife.

Mr E. A. MacPherson, Lecturer, Dept. of Veterinary Medicine, Edinburgh University.

Mr Neil MacQueen, Electronics Technician, School of Scottish Studies.

Miss M. C. McCormick, Newton Stewart, Wigtownshire.

Mr Neil McCormick, Invergowrie, Angus.

Mitchell Library, Glasgow.

National Library of Scotland.

Mr R. Ross Noble, Curator, Highland Folk Museum, Kingussie.

Mrs A. P. Robertson, Brechin Library, Angus.

The late Ross M. Robertson, Curator, Glenesk Folk Museum, Angus.

Sandeman Library, Perth.

Secretary of State's Advisory Committee on Scotland's Travelling People.

Dr Bruce Walker, Lecturer and Architectural Historian, Duncan of Jordanstone College, Dundee.

# WRITTEN SOURCES

1. *Baptismal Register of Little Dunkeld Parish, 1854-63 and 1880-1924 (S.R.O. ref. CH2/107/2)*

2. *Church of Scotland and Home Mission Records*
   Minutes of the Home Board
   Reports to the General Assembly
   Reports of the Home Mission Committee, 1930-35

3. *City of Dundee Archives*
   District Sanitary Inspector's Report, 21 September 1932
   Dundee Sanitary Department Annual Reports, 1934-50
   List of Common Lodging Houses from 1899

4. *Country Life Archive of the National Museum of Antiquities of Scotland, now the Royal Museum of Scotland*
   Indexed collections of Correspondence, Press Cuttings and Photographs

5. *Glenesk Folk Museum, Angus*
   Misc. Correspondence, MSS, Notes, Pamphlets and Photographs

6. *Government Reports*
   *Report of the Departmental Committee on Habitual Offenders, Vagrants, Beggars, Inebriates and Juvenile Delinquents*, Cmd.7753 (Edinburgh, 1895)
   *Report of the Departmental Committee on Vagrancy in Scotland*, Cmd. 2852 (London, 1906)
   *Report of the Departmental Committee on the Tinkers in Scotland* (Edinburgh, 1918)
   *Report of the Departmental Committee on Vagrancy in Scotland*, Cmd. 5194 (Edinburgh, 1936)
   *Report on Scotland's Travelling People*, compilers Hugh Gentleman and Susan Swift (Edinburgh, 1971), from research carried out by Scottish Development Department in 1969

7. *Papers belonging to Mr Andrew McCormick, author of* The Tinkler-
Gypsies
Field Notebooks, Incoming Correspondence, Questionnaire
Returns, Scrapbooks, Unpublished Reports and Writings

8. *Registers of Births, Deaths and Marriages, New Register House*

9. *School Records*
Birnam School Log Book
Dunkeld School Log Book
Register of Little Dunkeld Public School
Register of The Royal School of Dunkeld

# SUGGESTED FURTHER READING

Erixon, Sigurd, 'Folk-Life Research in our Time', *Gwerin* 3 (1960-62), 275-291

Gmelch, Sharon, *Nan: The Life of an Irish Travelling Woman* (Harmondsworth, 1987)

Harper, Douglas A., *Good Company* (Chicago, 1982)

Kay, Billy, *Scots — The Mither Tongue* (Edinburgh, 1986)

Lewis, Oscar, *Pedro Martinez* (London, 1964)

McClure, J. D., ed., *Scotland and the Lowland Tongue* (Aberdeen, 1983)

McCrone, David, 'Ordinary Lives: Life Stories and Oral History', *By Word of Mouth* 13 (Summer 1987), 24-29

Ó Crohan, Tomás, *The Islandman*, trans. and ed. by Robin Flower (Dublin, 1929)

Ó Duilearga, Séamus (J. H. Delargy), 'Once upon a Time', *Studies in Folk Life*, ed. by J. G. Jenkins (London, 1969)

Rogers, S. A. B., *Four Acres and a Donkey: The Memoirs of a Lavatory Attendant*, ed. by Clive Murphy (London, 1979)

# GLOSSARY

*Note*: Cantwords are denoted by an asterisk *. The glossary is intended to provide the reader with a guide to understanding the language and modes of expression used by Sandy Stewart and this accounts for the narrow interpretation of certain words. The following abbreviations have been used: Cf. — compare, Eng. — English, Gael. — Gaelic, pl. — plural, pt. — past tense, specif. — specifically.

*aa*: all
*aabuddie*: everybody
*aathegether, -gither*: 1 all together; 2 altogether
*abeen*: above
*affie*: awful
*Ah*: I
*ahent, ahun(t)*: behind
*ain*: 1 own; 2 one
*alang*: along
*aneth*: beneath
*Angel tar*: Archangel tar, a healing wood-tar paste
*arrae*: arrow
*atween*: between
*auld*: old
*avree\**: away
*awaa*: away
*awfie*: awful
*ay, -ways*: always
*aye*: yes

*baas*: balls, specif. the testes
*backpads*: back paths, - tracks, -ways
*bae*: by
*bagfaes*: bagfuls

*bairds*: beards
*bakersies*: bakers' shops
*bannocks*: flat round cakes generally of oatmeal
*bare-fitit*: barefooted
*barracade*: used by travellers to denote their older-style winter tent which had sleeping quarters off a central dome-roofed living area (the *barracade*); sometimes referred to as the *barrakit* or *tent and barracade*
*besom*: a broom made from wound *taes* of heather and a long wooden handle
*battle*: a bottle or bundle of straw
*batts*: bots, the disease afflicting horses that is caused by the parasitic bot-fly
*beggit*: begged
*ben*: in or towards the inner part of a house etc.

*bent*: bent grass
*berds*: beards
*bide*: to dwell, live, reside
*bigg*: to build; pt. *biggit*
*bing\**: to go, make, take etc.
   according to context;
   *bingae*, to go on or take
   to etc.
*birk*: birch
*birlt*: revolved, turned
   quickly
*bit*: a spot, place
*blaw(\*)*: 1 to blow; 2\*
   oatmeal
*blawkie\**: a cooking pot
   (*weed blawkie* = teapot)
*bleeze*: a blaze
*bleggartin*: essentially getting
   up to mischief, playing
   tricks and generally
   passing time in a slightly
   mischievous way
*bluidy*: bloody
*blun*: blind
*boaggie*: 1 a soap-box cart; 2
   a two-wheeled barrow
*boags*: bogs
*Bogie*: a coarse black tob-
   acco twist
*boo-tappit*: bow-topped
*bothy*: out-building or that
   part of the steading used
   for accommodating farm
   workers, chiefly the
   single men who were
   full-time but also
   seasonal workers and
   their families
*bourds*: boards
*braw*: fine, pleasant,
   splendid
*breachin*: striking out, de-
   livering a violent blow
*bremsh*: a broom or brush

*britchin*: the portion of
   harness that passes
   round the hind quarters
   of a horse in shafts to
   enable it to push
   backwards
*brig*: a bridge
*brock(-wool)*: clumps or
   strands of loose wool
*broos*: the eyebrows
*brose*: a dish of oat- or
   pease-meal mixed with
   boiling water or milk
*brunches*: bunches
*brung*: pt. of bring
*brusted, -t*: burst (pt.)
*buckmen, bucks\**: men of the
   road, tramps
*bud*: pt. of *bide*
*buddie*: a person, human
   being
*bull*: a detective (USA)
*bullberry, -tree*: the bourtree
   or elder
*bung, -it\**: pt. of *bing\**
*bunnles*: bundles
*Burkers*: unscrupulous
   doctors and their helpers
   who formed clandestine
   snatch-squads, allegedly
   setting out to kidnap
   and murder itinerants
   for the purpose of main-
   taining a supply of
   corpses used in anatomy
   research and teaching.
   To be distinguished from
   body-snatchers or resur-
   rectionists who exhumed
   or stole corpses and sold
   them for dissection

*caa*: to call
*cablin*: cabling

*cadger*: here meaning a
    travelling fish salesman
*cairds*: cards
*cairried*: carried
*calshies*: cobble-stones
*cannie*: shrewdly cautious
*cattle-raik*: a road or track
    along which cattle are
    driven to fairs
*cauf*: chaff
*caunnle*: candle
*ceps*: caps
*chack*: to check
*chaets\**: things
*chanter*: the finger-stick of
    the bagpipe
*chapped*: 1 knocked, rapped;
    2 mashed
*chaw*: to chew; *chawn*,
    chewing
*chessies*: chestnuts
*chimley*: chimney
*chowed*: chewed
*claught*: seized
*claes*: clothes
*clairty*: dirty
*cleek*: 1 to hook; 2 a large
    hook
*clooch*: a claw
*cloot*: a cloth, blanket, cover
*coarn-secks*: corn sacks
*cockit*: tilted to one side
*commontry*: common land
*countries*: inhabited areas or
    regions, counties
*coup*: demand
*coup-cairt*: a tipping cart
*crabbit*: ill-natured, bad-
    tempered, stern
*crack*: 1 to talk; 2 talk, an
    enjoyable chat
*creashie*: greasy; *-mealie*
    oatmeal fried in fat
*cribber*: the curb i.e. the

chain or strap attached
    to the horse's bit

*dabbit*: pt. of *dab*, here
    meaning the downwards
    thrust in using a clefted
    pearling-stick
*daen*: doing
*daith*: death
*daundered*: sauntered
*deal*: 1 dealing; 2 to make
    out
*debaurred*: debarred
*deid*: 1 died; 2 dead
*delve*: to work, specif. to dig
    over a garden
*dennae*: don't
*diddle*: to hum an air, ·
    especially a bagpipe tune
*dinnae*: don't
*dizzen*: dozen
*dook*: duck cotton, sailcloth,
    and also used to denote
    tarred felt
*dose*: a large number or
    quantity
*dour*: 1 (of persons) sullen,
    humourless; 2 (of places
    and weather) bleak,
    featureless
*drag*: road, route
*dreel*: 1 a drill or small
    furrow; 2 to drill; pt.
    *dreelt*
*dreepit*: dripped
*drone*: a bass pipe of a
    bagpipe
*drookit*: drenched
*drum*: 1 the redundant oil-
    drum or similar con-
    tainer used for enclosing
    a stick-fire in brazier
    fashion; 2 a brew pan
*dunts*: lumps

123

*eed*: eyed, pt. of to *ee*, to eye
*ee-hole*: eye-hole
*een*: eyes
*elbae*: elbow; specif. used to denote the elbow-shaped connection where the bottom part of a tent's reek-pipe (see *vunnel*) joins the drum or tank which encloses the fire
*esh*: ash
*esk*: a newt. Cf. *man-keeper*
*exe*: axe

*faan*: fallen
*fae*: from; *-fae*, -ful as in mouthful
*fair*: thoroughly
*falshies\**: firewood, sticks
*fashint*: fashioned
*faur*: far
*feein-market*: a hiring fair where farm workers were engaged or *feed*
*fer*: for
*ferntickles*: freckles
*fire-tin*: another term for the improvised brazier or tank-fire used by travellers
*fit*: foot
*flack*: a square plaid
*flooer*: flour
*flunkie*: here used as an adjective to denote the shape of a beard which, to judge by Sandy's gesture, was pointed
*fog, foog*: moss
*forbye*: besides, as well, in addition
*forrit*: forward
*frae*: from
*fricht*: fright

*funkum\**: a hen. Cf. *gannie\**
*fur*: for

*gaed*: went
*gallous*: bold, forthright to the point of rudeness
*gannie\**: a hen
*gaun*: go, going
*gav\**: a town or village
*gelly\**: type of tent constructed by travellers from tarpaulins and other available covers laid over an oval framework of saplings and usually weighted down at the sides with stones. The structure resembles an upturned boat and the larger winter *gellies* generally had internal tank-fires with improvised flues — see *vunnel*
*gey*: very, considerably
*gie*: to give; pt. *gien*
*gless*: glass
*glimmer\**: the fire
*graat*: wept
*graip*: an iron-pronged fork used in farming
*greet*: to weep
*grippet*: gripped
*grove*: a groove
*growl, gruel*: oatmeal porridge
*grun(d)*: ground
*guisin*: Guising, a Halloween custom where children in disguise take to the streets and usually perform a song or rhyme in return for money
*guttery*: muddy

*hae*: to have; *haen*, having, had

*hale*: whole

*hantle\**: the country folk; non-travellers in houses

*hap*: 1 to cover; pt. *happit*; 2 a covering or wrap

*haud*: hold

*haunnle*: handle

*hauns*: hands

*heft*: handle, shaft

*heich*: high; *heicht*, height

*hem*: horse collar

*hemmer*: hammer

*hes*: has

*heuk*: reaping-hook

*hidet*: hidden

*hidie-bit*: hiding-place

*hinner*: hinder

*hit*: it

*hoarn*: horn

*hoket*: uprooted, levered out of the ground

*hornies*: the police

*howk*: dig (ground), dig into, dig out, unearth, uproot; pt. *howkit*

*hunder*: hundred

*hurlie*: wheeled cart, pram etc.

*hus*: us

*ill-tricket*: mischievous

*intae*: into

*jeckies*: jackdaws

*jeelie*: jelly

*jeer\**: 1 excrement, shit; 2 to shit

*jeest, jist*: just

*jit*: jet, as in jet black

*joug*: a jug; specif. the glass-bottomed *joug* which pearl-fishers use to detect mussels on the riverbed

*kail*: broth or soup having cabbage as its main ingredient

*karrie\**: the penis

*keepers*: gamekeepers and estate workers generally

*kennle*: to kindle (a fire); pt. *kennlet*

*Kind Man*: used to denote a Poor Inspector or other official who hands out welfare payments

*knock*: a clock; *knock-face*, dial

*laich*: low, low-lying

*langtails*: rats

*lea*: leave

*leidin*: carrying harvested grain or hay from the field to the stackyard

*len*: loan

*licht*: light

*lig\**: road

*liket*: liked

*lingan*: shoemaker's thread

*lockit*: locked

*loof*: palm of the hand

*loup*: to leap; pt. *loupit*

*lowe*: 1 a glow; 2 a fire

*lowse*: 1 loose; 2 to loosen, unharness

*ludgin-hoose*: lodging-house

*lug*: 1 short handle which projects from the side of any vessel; 2 in pl. ears

*luggie*: a small bucket used by berry-pickers

*lum*: chimney; chimney-stalk

*lum-hat*: top hat

*machine*: horse-drawn vehicle

*mair*: more

*mak*: to make; *makkin*, making

*man-keeper*: here meaning the common lizard
*mauny*: many
*mebbe*: maybe
*meelitry*: military
*merriet*: married
*mert*: mart, market
*midden*: refuse heap
*mind*: to remember; pt. *mindet*
*mite*: undergo degeneration or perish through infestation
*models*: model lodging-houses
*moudie*: a mole
*moudit\**: dead
*mougfae*: mugful
*mull*: 1 a mill; 2 to mill
*mych-keen\**: mad-house, asylum

*nab*: arrest
*naebuddie*: nobody
*nebs*: the tops of turnips
*neecherin*: neighing
*neeks*: nicks
*neeps*: turnips
*newinchaet\**: a cat
*nippers*: pliers
*nivver*: never

*oanest*: honest
*onie*: any; *oniebuddie*, anybody; *oniewhaur*, anywhere
*ont*: onto it
*oor*: 1 our; 2 an hour
*overmindet*: overrun
*ower*: over
*oxter*: the armpit

*packmen*: pedlars
*pad*: a path or beaten track

*palin*: paling
*papplers\**: breasts
*paries\**: lice
*peewit*: the lapwing
*pey*: pay
*pishmolz\**: ants
*pit*: put; pt. *pitten*
*pitch*: tar residue
*pittin*: depositing seed potatoes in pits
*plankit*: planked, concealed
*pletit*: pleated
*plooin*: ploughing
*pluffin\**: tobacco
*poke*: 1 a small paper bag; 2 a bundle on the end of a stick
*pooder*: powder
*poych*: a stink, specif. a fart
*preen*: a pin; *preent*, pinned
*proppit*: propped
*puckle*: a few, small quantity etc
*puddin*: pudding
*puggaree*: turban
*pun*: pound
*purn*: pirn, a spool or reel

*quad*: a prison or jail
*quew*: a crow

*rasp*: a coarse file
*reek*: smoke; *reeked*, smelled
*reenge*: (pot) scrubber made from heather
*ribs*: the tent ribs or frame
*riggin-stick*: the main horizontal bough in the tent frame which extends the entire way across the roof and is used to secure the cross-boughs, giving the *gelly* its stability

*roon*: round
*roost*: rust
*roset*: resin or rosin
*rowl*: to roll
*rowt*: 1 to break wind; 2 the act of bellowing
*ruskie*: a basket

*sackits*: pack bundles adapted for a horse or donkey
*sae*: so
*sair*: sorely
*sairgint*: sergeant
*santoarie*: a sanatorium
*sark*: a shirt
*sauch\**: broth or soup. Also *shauch\**
*sauchs*: willows
*scaffie*: person employed to sweep the streets
*Scotch Crocodile*: Sandy's term for the common lizard
*screemishin*: skirmishing
*scud*: skin
*seckits*: see *sackits*
*sel*: self
*semmit*: vest
*shairps*: frost-nails inserted in horse-shoes
*shaithes*: sheaves
*shank*: handle, shaft
*shauch\**: broth or soup
*shaw*: 1 to top turnips; 2 the green turnip leaves and stalks
*sherp*: sharp
*shifted*: forced to move (camp)
*shods*: (horse-) shoes
*sicht*: sight
*skeerie*: slightly unbalanced (of persons)
*skint*: skinned

*skipper\**: 1 a barn, outhouse etc.; 2 to sleep rough or doss in a barn or other building
*skirlie*: quick-fried dish made from meal, suet, or dripping
*skited*: glanced off, rebounded
*skivver*: a short skewer-like clasp used by traveller women for fastening their shawls
*skoor*: to scour
*skulls*: shallow scoop-shaped baskets
*slach, slaich*: to eat liquid food in an uncouth fashion, like Eng. slobber
*slummin\**: sleeping
*slype*: a cleft stick used for peeling willow bark in basket-making
*smeekit*: reeking of drink
*smokit*: smoked
*smit*: to infect, contaminate; *smitten*, infected (with disease)
*smither*: smother
*smurrin*: drizzling, esp. of fine rain that is common in summer
*snaps*: tinsmith's snips or shears
*snottum\**: metal crook used for hanging pots over an open fire
*spevit*: a horse malady resulting in a bone tumour on the leg
*spinnelt*: spindle-shaped
*spread*: a bivouac
*spurrans*: sporrans
*staunin*: standing

127

*stertit*: started

*stick*: 1 the chanter (specif.);
2 in pl. sometimes short
for camp-sticks i.e. the
bent saplings used in
making the tent frame

*stifled*: dislocated stifle-bone
in a horse's hind leg

*stook*: 1 to arrange corn
sheaves for drying in
small stacks; 2 a crop or
field where stooking has
been completed, as in
*stookit*

*stiumers*: bagpipes; in sing. a
pipe for smoking

*stoopul*: stopple

*stovin*: roasting

*strae*: straw

*straucht*: a straight (road);
*strauchten*, to straighten

*strike*: go, head towards

*stroop*: 1 a handle; 2 specif.
the spout of a teapot

*strow*: straw

*studdie*: an anvil

*sulvirr*: silver

*swallae-tail*: swallow-tail

*swingul-tree*: Eng. swin-
gletree, a cross-bar in a
horse's harness for
equalizing draft. The
traces are attached to
the swingletree, giving
freedom of movement to
the shoulders of the
horse

*syne*: ago


*tacketty*: hobnailed

*taes*: bunched heather in
whittled clumps or *taes*
that collectively formed

the sweeping head of a
*besom*

*taickle*: 1 tackle, gear (for a
horse); 2 troublesome
chores or work

*tak*: take

*tapner*: a turnip knife with a
curved blade that has a
hooked tip on the end of
the blade. Used for
lifting, topping, and
tailing turnips

*tappit*: topped

*tats*: rags

*tattie-beetul*: a potato-masher

*Tearlachs*: a byname applied
to traveller Stewarts
from the Hebrides (from
Gael. *Tearlach*, Charles)
but used by Sandy to
denote travellers from
Skye and the Black Isle
in particular, irrespective
of their surname

*tethert*: tethered

*thackit*: thatched

*thair*: there

*thick*: in abundance,
plentiful

*thir*: there

*thirsels*: themselves

*thonder*: yonder

*thunner*: thunder

*ticht*: tight; *tichten*, to tighten

*tickets*: name-plates, notices,
signs etc

*tinkler*: a tinker; an itinerant
tinsmith and pedlar

*toal*: presum. a shortened
form of *toalie*, a small
round oatmeal cake

*toggerie**: clothing

*tramplers**: the feet

*trams*: shafts

*treckle*: treacle
*turrets*: rings or loops through which reins pass

*ull*: will
*umps*: imps
*unner*: under
*unnerstaun*: understand

*verrimin*: vermin
*vunnel\**: an improvised flue or reek-pipe that was connected to the tank-fire within a tent

*waa*: wall
*wae*: with
*walt*: to beat
*wance*: once
*wans*: ones
*wappies*: wasps
*waste-bit*: an uninhabited area
*watches\**: a beat (i.e. a tramp's beat), used here to imply one that was uncharitable
*water*: chiefly the upper stretches of a river
*wed*: would

*weeck*: a wick
*weed\**: tea
*whaur*: where
*wheezles*: weasels
*whey*: every
*whirlie*: any conveyance with wheels such as a barrow, cart etc.
*whits*: what is
*whup*: a whip
*whussil*: a (tin-) whistle
*wid*: would
*wild-tastet*: sour to the point of being inedible
*wipp*: to bind tightly
*wuid*: wood, a wood
*wuid-boaggie*: a pole-waggon
*wumen, wumin*: 1 women; 2 a woman

*yaffin\**: a dog
*yag\**: coal
*yaird*: yard
*yaks\**: eyes
*yerrim\**: milk
*yin*: one
*yince*: once
*yoke*: to harness the horse(s) to a cart, plough etc.
*yon*: that
*yop*: a crown (old money)